大展好書　好書大展
品嘗好書　冠群可期

大展好書　好書大展
品嘗好書　冠群可期

1月5日 深灰色

◆人格特色及生活方式

非常機靈的人。富直覺力、洞察力、潛在力。

與生俱來具有透徹力，能夠透視事物的本質。在學問方面，也能夠以嶄新的方式來掌握廣泛體系當中的各項問題，非常有實力。

◆相合性的顏色及適合的職業

深灰色（steel gery：如鋼鐵般，具有一點藍色色彩的深灰色）與所有的顏色相合性佳。適合的職業是口譯、翻譯家或是外國文化的研究者等。

◆今天出生的名人

黛安基頓、艾尼斯喬伊威克斯、康拉德艾德諾、布托。

1月6日 葡萄鼠

◆人格特色及生活方式

新式羅曼蒂克生活的實踐者。富倫理觀、速度感、冒險心。

身心健全、感受性非常強，具有從強烈的知性所衍生出來的崇高倫理觀。具有強烈的冒險心，經常會向新的生活挑戰，使生活過得多采多姿。

◆相合性的顏色及適合的職業

葡萄鼠（帶點灰色的青紫色）與所有的單一色相合性佳。適合的職業是運動選手或是導遊等。

◆今天出生的名人

約翰克卜勒、辜振甫、亨利謝里曼、古斯塔夫多雷。

1月7日 漆黑

◆人格特色及生活方式

充滿希望與夢想的熱情家。富理想、創造力、獨立心。

具有崇高的理想、追求崇高的感動，絕對不會被流行、習慣、傳統等的秩序所束縛。為自己添上一層神秘的面紗，使自己充滿高貴以及威嚴感。

◆相合性的顏色及適合的職業

和所有的顏色相合性都很好。適合的職業是心理學者、新聞記者或是演員等。

◆今天出生的名人

查爾斯亞當斯、尼可拉斯凱吉、威廉彼得布萊提、蘇畢魯斯。

1月8日 綠黃色

◆人格特色及生活方式

熱愛自然的抒情家。富宗教的感情、宇宙的構想、田園的敘情。

與生俱來就有神秘的感情，容易接受美的事物、具有豐富的感受性。一邊思考廣大無邊的宇宙，一邊又具有田園的抒情性，是個非常樸素的人。

◆相合性的顏色及適合的職業

綠黃色（citron yellow：具有強烈綠色味道的黃色）與暖色系的明色相合性佳。適合的職業是畫家、舞蹈美術家、占卜師等。

◆今天出生的名人

艾維斯普里斯萊、彭歌、史蒂芬霍金、彪羅、周恩來。

1月9日 青苔色

◆人格特色及生活方式

能夠令人感覺到溫柔的優雅女性。才氣煥發，具神秘性、創造力。

從年輕的時候開始，就有強烈的第六感，具有強烈的神秘傾向。生長的環境造成他是個有分寸的人，因此，非常令人喜愛。此外，在發明方面也具有非凡的能力。

◆相合性的顏色及適合的職業

青苔色（不清楚的黃綠色）與暖色系的明色相合性佳。適合的職業是公司經營者或是舊美術商等。

◆今天出生的名人

理查尼克森、裘海正、西蒙波娃、瓊貝茲。

1月10日 草色

◆人格特色及生活方式

擁有廣大的感情世界，具睿智、富藝術、洗練。

具有睿智的靈感，對於藝術也有非常深的理解能力。此外，擁有感動、溫柔的情緒、歡喜、悲傷等寬廣的感情世界。據說這個顏色是地球上最初出現的顏色。

◆相合性的顏色及適合的職業

相合性佳的顏色是暖色系的中間色調。適合的職業是芭蕾舞者或鋼琴演奏家等。

◆今天出生的名人

喬治福爾曼、蔡元培、洛史都華、烏蘭諾娃。

1月11日 柔綠色

◆人格特色及生活方式

創造新時代的理想女性，富努力、才氣、勇氣。

精神非常崇高，有誠意及熱情。創造出能夠代表現代的人體，具有非凡的才能，而且也非常努力。

◆相合性的顏色及適合的職業

柔綠色（mist green：具有柔和感覺的綠色）與暖色系的明色相合性佳。適合的職業是舞蹈家、圍棋、象棋士等。

◆今天出生的名人

亞歷山大漢彌爾頓、黃舒駿、夏志清、伊娃賈麗奈。

1月12日 白綠

◆人格特色及生活方式

下定決心的挑戰態度，有氣質、宜外交、富洞察力。

是個充滿氣質的人，非常重視人際關係。能夠側耳傾聽對方的話。工作方面的能力超群，外交手腕也非常高，深獲好評。具有分辨真假的眼力，不僅具有明確的洞察力，還具有深入的愛情。

◆相合性的顏色及適合的職業

與白綠相合性佳的顏色是冷色系的中性調和色。適合的職業是園藝家、中小學老師、外交官等。

◆今天出生的名人

傑克倫敦、齊秦、艾德蒙柏克、湯姆丹普西、村上春樹。

1月13日 鮮綠色

◆人格特色及生活方式

擁有自己生活方式的獨立型女性。行動力、謙遜、冷靜沉著。

富於機智，能夠發揮行動力，做事非常謹慎、小心。在工作方面非常沉著、冷靜，能夠發揮自己潛在的能力。工作非常有效率，頭腦非常靈活，所以往往身負重任。

◆相合性的顏色及適合的職業

鮮綠色（parrot green：如鸚鵡羽毛般鮮綠的顏色）與暖色系的明色相合性佳。適合的職業是民間援助團體的職員或是有線電視的計時員等。

◆今天出生的名人

蘇菲塔克、麥克龐德、約翰皮爾辛、歐林威爾森。

1月14日 深草綠色

◆人格特色及生活方式

感情成熟的藝術家，感性、幽默、成熟。

具有豐富的感性，充滿幽默感，具有一顆溫柔的心，富於機智。內心非常纖細，是能夠將生活的樂趣完全表現在詩中的人。

◆相合性的顏色及適合的職業

深草綠色（grass green：如草的葉子般濃密的黃綠色）與暖色系的中間色相合性佳。適合的職業是詩人或自己創作詞曲自唱者。

◆今天出生的名人

史懷哲、伍佰、三島由紀夫、奈摩勒。

1月15日 深綠色

◆人格特色及生活方式

具有如星光閃耀般的瞳孔。信條、模範、可愛。

內向、努力貫徹模範生的人生，但是有時理想過高，無法讓旁人理解，是個會本能的向未解決的難題挑戰的人。

◆相合性的顏色及適合的職業

相合性佳的顏色，是中間色調的顏色。適合的職業是醫師或是律師、政治家等。

◆今天出生的名人

金恩博士、李登輝、柯俊雄、歐納西斯、聖女貞德、莫里哀。

1月16日 鋁灰色

◆人格特色及生活方式

熱愛自然的實踐家。大膽、想像力、信念。

具有寬廣無限的想像力，擁有藝術家的大膽程度。健康意識強人一倍，會往來於健身房或高爾夫球場，總是顯得生氣蓬勃的樣子。

◆相合性的顏色及適合的職業

淡黃綠色（white lily：如白色百合般淡淡的黃綠色）與暖色系的明色相合性佳。適合的職業是流行設計師或造形設計等。

◆今天出生的名人

伊漱默曼、佛依特、巴提斯塔、迪西狄恩。

1月17日 淡綠色

◆人格特色及生活方式

具有膽量以及好奇心的美食家。生活意識、指導力、微笑。

經常會想要提升生活的品質，擅於指導他人，並且贏得他人的信賴。對於吃非常有興趣，在享受飲食的同時也懷有感謝的心情。雖然缺少表情，但偶爾卻也一笑值千金。

◆相合性的顏色及適合的職業

淡綠色（蔥開出來的顏色）與暖色系的中間色相合性佳。適合的職業是美食方面的節目製作，或是烹飪教室的講師等。

◆今天出生的名人

李玟、坂本龍一、阿里、富蘭克林、史坦尼斯拉夫斯基、山口百惠。

1月18日 深黃綠色

◆人格特色及生活方式

能夠保有少女般純潔的女性。誠實、洗練、謙虛。

氣質高，對什麼事情都非常謙虛、誠實。在保有少女般純潔的同時，也具有洗練的一面。在對話時，具有吸引他人注意的神秘潛力。嚮往鄉村的生活更甚於都市生活，喜歡充滿綠的環境。

◆相合性的顏色及適合的職業

深黃綠色（foliage：樹葉茂密的深黃綠色）與暖色系的中間色調相合性較佳。適合的職業是陶藝家或顧問等。

◆今天出生的名人

米爾恩、王永慶、約翰鮑曼、卡萊葛倫。

1月19日 葉綠色

◆人格特色及生活方式

凡事都拼命努力的踏實家。優雅、自尊心、精神性。

是個聰明人，內心非常豐富。充滿自尊心，自視甚高，非常注重精神性，也非常注重自我。

◆相合性的顏色及適合的職業

葉綠色（leaf green）與暖色系的純色相合性佳。適合的職業是花藝設計家或警犬訓練師等。

◆今天出生的名人

愛倫坡、呂方、陶百川、桃莉巴頓、珍尼斯喬普林。

1月20日 暗綠色

◆人格特色及生活方式

清楚擁有自己理想像的女性。具有能量、對自己的投資、謙虛。

絕對不會迷失自己，能夠謙虛的配合對方。此外，也非常努力的提高自己的程度。具有穿越障礙及難關的能量。

◆相合性的顏色及適合的職業

暗綠色（forest green：如森林般的暗綠色）與有顏色的純色相合性佳。適合的職業是劇裝設計師或秘書等。

◆今天出生的名人

費里尼、鍾肇政、艾德林、喬治伯恩斯。

1月21日 天空色

◆人格特色及生活方式

具有感覺到美的事物的才能。富於感性、可能性、藝術性。

不管在哪一個領域中，都是擔任主角的角色，非常的活躍。純真的感性可以啟開無限的可能性，由此開拓藝術的創造性。

◆相合性的顏色及適合的職業

與暖色系的明色相合性佳。適合的職業是鋼琴演奏家或畫家、素描家等。

◆今天出生的名人

多明哥、克莉斯汀狄奧、泰利沙瓦拉、吉娜戴維斯。

1月22日 淺蔥色

◆人格特色及生活方式

對於他人充滿體貼之心。創造力、感動、高雅。

與生俱來就有豐富的創造力，非常體貼他人，對他人非常親切，具有包容心。具有能夠將自己的喜悅或感動傳給他人的表現力，以及高雅的精神，而且能夠站在客觀的角度來看待各種事情。

◆相合性的顏色及適合的職業

淺蔥色（像蔥一般明亮的青綠色）與中間色調的相合性佳。適合的職業是插圖畫家或電影的編劇。

◆今天出生的名人

艾森斯坦、拉斯普廷、喬治巴蘭欽、拜倫。

1月23日 露草色

◆人格特色及生活方式

具有和平、穩定的心情。年輕、情緒、集中力。

能夠保有一顆年輕的心，經常維持和平、穩定、安靜的心情。非常重視精神性，高雅、有氣質，能夠集中精神在工作上，因此，能夠獲得好評。看到他人有難，絕對無法棄之不顧。

◆相合性的顏色及適合的職業

露草色（明亮的藍色）與暖色系的純色相合性佳。適合的職業是公司經營者或電腦程式設計師等。

◆今天出生的名人

亨佛萊鮑嘉、殷正洋、鈕大可、李心潔、珍妮夢露、馬內。

1月24日 鴨毛色

◆人格特色及生活方式

重視愉快、夢想的樂天家。頭腦清晰、誠實、感受性。

頭腦清晰、洗練，有誠實的人格，非常喜歡「才藝」。當接觸到優雅的哀調時，就會使與生俱來的感受性動搖。

◆相合性的顏色及適合的職業

鴨毛色（濃綠的藍色）與暖色系的明色相合性佳。適合的職業是古典藝能的繼承者或指導者等。

◆今天出生的名人

哈德連、翁倩玉、羅光男、娜塔莎金斯基、霍夫曼。

1月25日 深藍色

◆人格特色及生活方式

能夠平順、積極生活的人。感受性、理想主義、獨斷獨行。

感動強人一倍，是容易感到喜悅、悲傷的人。是理想主義者，具有豐富的精神性，非常重視感覺，對於藝術的理解力也很強。

◆相合性的顏色及適合的職業

相合性佳的顏色是純色。適合的職業是和樂、洋樂的研究者，或是藝術化妝者等。

◆今天出生的名人

毛姆、郭婉容、柯拉蓉艾奎諾、謝瓦納茲、維吉尼亞吳爾芙。

1月26日 奶油色

◆人格特色及生活方式

具有像太陽一般的個性，表情豐富、組織、機智。

表情豐富，總是呈現亮麗的一面。會話也富於機智，在宴會等場合中能夠發揮幽默的感覺，會成為眾人的中心。

◆相合性的顏色及適合的職業

奶油色（cream：充滿白色的黃色）與寒色系的中間色調相合性佳。適合的職業是公司經營者或是空中小姐等。

◆今天出生的名人

麥克阿瑟、梁啟超、保羅紐曼、黃肇珩。

1月27日 淡綠黃色

◆人格特色及生活方式

具有文雅氣息的都市女性。穿著得體、神秘的眼神、友人。

充滿洗練的興趣，服裝具有都市性、文雅不俗氣。有時單純的穿著反而能夠讓人耳目一新。黃色是溝通的顏色，所以能夠不斷的結交新朋友。

◆相合性的顏色及適合的職業

淡綠黃色（pale lemon：淺綠色的黃）與寒色系相合性佳。適合的職業是舞蹈家或顧問、諮商者等。

◆今天出生的名人

莫札特、路易斯卡洛爾、約翰奧格登、甘波斯、愛倫堡。

1月28日 蒲公英色

◆人格特色及生活方式

與生俱來的樂天家。冒險、開明、好奇心。

非常喜歡冒險、追求耳目一新的事物。想法、興趣、服裝都非常洗練，讓人無所挑剔。即使遇到非常嚴重的問題，也具有能夠立刻解決的開朗性。

◆相合性的顏色及適合的職業

相合性佳的顏色是寒色系。適合的職業是實業家或證券業者等。

◆今天出生的名人

魯賓斯坦、李國鼎、周俊三、柯萊特、大衛艾文斯、史坦利爵士。

1月29日 嫩草色

◆人格特色及生活方式

具有說服力的傳道者。運動神經、知覺力、名譽。

運動神經以及知覺力超群，凡事都向前看，能夠獲得非常好的評價，並且會因為得到讚賞而感到喜悅。擅長任何運動，可以說是積極的將運動投入生活中的人。

◆相合性的顏色及適合的職業

相合性佳的顏色是寒色系的中間色調。適合的職業是攝影家、舞蹈家等。

◆今天出生的名人

契訶夫、鄧麗君、盧甘尼斯、羅曼羅蘭、歐普拉溫芙瑞。

1月30日 深黃綠色

◆人格特色及生活方式

與動植物相合性佳的自然了解者。充滿愛情、愛的享受、喜歡動物。

充滿愛情，也能夠很率直的接受他人的愛情。但是，有時也會踏上愛情的不歸路。非常了解自然，與動植物的相合性非常好。

◆相合性的顏色及適合的職業

深黃綠色（meadow green：如牧草般深的黃綠色）與暖色系的中間色調相合性佳。適合的職業是馴獸師或動物美容師等。

◆今天出生的名人

美國總統羅斯福、吳敦義、杜希曼、凡妮莎蕾瑞芙。

1月31日 嫩芽色

◆人格特色及生活方式

容易受傷的羅曼蒂克。感傷的、順應社會禮儀。

具有溫柔的心，容易流淚、感傷。很容易受羅曼蒂克的音樂或風景所吸引，但也不會因此而破壞與周圍的平衡。能夠順應社會，舉手投足非常有禮貌。

◆相合性的顏色及適合的職業

嫩芽色（淺黃綠色）與暖色系的中間色調相合性佳。適合的職業是鄉村或爵士歌手，或是作詞家等。

◆今天出生的名人

舒伯特、王祖賢、湯瑪斯莫頓、安娜帕芙洛娃、珍西蒙斯、香取慎吾。

2月1日 深紫藍色

◆人格特色及生活方式

能夠感覺到美的魅力的藝術家。文化的志向、有點裝模作樣、色彩觀。

喜歡文化性的東西，有點裝模作樣。具有藝術家豐富的感性，以及高雅的興趣。此外，色彩觀也非常豐富，對於美的事物能夠產生共鳴。

◆相合性的顏色及適合的職業

深紫藍色（corn flower blue：如矢車菊的花般強烈的紫藍色）與暖色系的明色相合性佳。適合的職業是畫家或染色家、建築師等。

◆今天出生的名人

約翰福特、梁家輝、克拉克蓋博、霍夫曼史達爾、葉爾辛。

2月2日 亮紫色

◆人格特色及生活方式

與他人有明顯區分的個性派。創造力、尊敬、直覺力。

具有創造力與直覺力，能夠活用自己的學問來從事工作。非常有個性，但是不吝於對他人付出，因此，能夠得到他人的尊敬，有時會被評價為「天才」。

◆相合性的顏色及適合的職業

亮紫色（像紫色般明亮的顏色）與寒色系的中間色調相合性佳。適合的職業是傳記文學作家或學者等。

◆今天出生的名人

詹姆士喬艾斯、司馬中原、賈西布魯克斯、法拉佛西、季斯卡。

2月3日 深紫色

◆人格特色及生活方式

了解自己的價值，是與生俱來的公主。直覺力、害羞、威嚴。

與生俱來具有直覺力，相反的，也是個害羞的人。非常高貴，天生具有威嚴感，讓人感覺像個公主一樣。但是感性非常敏銳，無法完全相信他人。

◆相合性的顏色及適合的職業

深紫色（deep royal blue：深的紫色）與有顏色的中間色調相合性佳。適合的職業是畫家、攝影家等。

◆今天出生的名人

葛楚德史坦、謝深山、法蘭塔肯頓、門德爾松、諾曼洛克威爾。

2月4日 紅藤色

◆人格特色及生活方式

能夠感覺到自己與他人不同的個性派。感性、才氣煥發、外向性。

強烈希望自己非常有個性。感性豐富，內心非常寬廣，是不拘泥於小事的人。具有外向的性格，有容易興奮的傾向。

◆相合性的顏色及適合的職業

紅藤色（紫丁香花般的顏色）與明色系的顏色相合性佳。適合的職業是作曲家、歌手、畫家等。

◆今天出生的名人

查爾斯林白、喜多郎、丹奎爾、倫巴、伊莎貝兒裴隆、郭育華。

2月5日 深紫色

◆人格特色及生活方式

知道自己未來的方向，具有靈感的人。宗教性、詩的朦朧、神秘與夢幻。

具有宗教的氣氛，能夠清楚的區分自己和他人不同的道路。對於靈感或神秘的事情非常有興趣，在物質方面、精神方面都能夠獲得成功。

◆相合性的顏色及適合的職業

深紫色（pansy purple：深紫色）與有顏色的中間色調相合性佳。適合的職業是茶道家或宗教家等。

◆今天出生的名人

漢克阿龍、阿德雷史蒂文生、威廉巴洛、霍奇金、霍夫史達特。

2月6日 淡紅藤色

◆人格特色及生活方式

具有使人感動的力量的人。家庭、表現力、高雅。

出生於良好的家庭，與生俱來擁有藝術的資質，就像鑽石一般的單純。

此外，也像雪一般的柔軟。在這種環境下長大，就具有使人感動的表現力以及高雅的精神魅力。

◆相合性的顏色及適合的職業

淡紅藤色（pale lilac：淡的紅藤色）與寒色系的明色相合性佳。適合的職業是歌手、女演員、撰稿員等。

◆今天出生的名人

喬治赫曼、雷根、亞隆伯爾、楚浮、伊娃布朗。

2月7日 亮紫色

◆人格特色及生活方式

一心一意擁有使命感的明日之星。自主性、天才的資質、感性。

在雙親尊重自主性以及培養豐富感性的愛情中成長，度過活潑而善感的少女時代。這種天份難得一見，可說是具有天才的資質。

◆相合性的顏色及適合的職業

亮紫色（mauvette：如錦葵般的亮紫色）與寒色系的明色相合性佳。適合的職業是女演員或作家等。

◆今天出生的名人

狄更斯、黃大洲、王安、岳翎、懷德爾、湯瑪斯摩爾。

2月8日 深紅色

◆人格特色及生活方式

喜歡模仿的可愛頑皮者，熱情的瞳孔、可愛、深思熟慮。

具有熱情的瞳孔，同時也有非常可愛的臉蛋。深思熟慮，自小就容易被音樂所吸引，具有藝術的涵養。但相反的，也非常擅長模仿，非常可愛，是個頑皮而讓人喜歡的人。

◆相合性的顏色及適合的職業

深紅色（burgundy：法國的布爾戈涅所產的酒的顏色是暗的紅紫色）與白色相合性佳。適合的職業是音樂家或流行設計師等。

◆今天出生的名人

凡爾納、盛竹如、辛曉琪、詹姆斯狄恩、約翰威廉斯、瑪莉一世。

2月9日 亮紫色

◆人格特色及生活方式

活躍在國際上，具有人情味的熱血青年。國際觀、活潑、指導者。

具有領導者的架勢。是個國際派，活潑、擔任指導者的角色，從事啟蒙的工作。血壓容易上升，需要特別注意。

◆相合性的顏色及適合的職業

亮紫色（fuchsia purple：如晚櫻般明亮的紫色）與單純的顏色相合性佳，如白色、黑色、灰色等。適合的職業是小提琴或大提琴等絃樂器的演奏者、通譯等。

◆今天出生的名人

喬派西、陳冠宇、愛麗絲沃克、派屈克坎貝爾、賈克莫諾。

2月10日 玫瑰紅

◆人格特色及生活方式

能夠幫助他人、鼓勵他人的優雅人士。富愛情、感受性、知性。

親切的程度強人一倍，是優點所在。具有知性以及敏銳的感受性，絕對不會感情用事。屬於容易受傷的類型。

◆相合性的顏色及適合的職業

玫瑰紅（rose red）與寒色系的中間色調相合性佳。適合的職業是舞蹈家、藥劑師、警官等。

◆今天出生的名人

杜德偉、帕斯特納克、查理蘭姆、貝爾托特布瑞希特、葛雷格諾曼。

2月11日 紅色

◆人格特色及生活方式

對任何事都心懷喜悅的單純的人。開放的、單純明快、表現力。

是個開放、單純明快的人。其高雅的氣質及單純、豐富的表現力能夠使人感動。非常體貼，生活中的一點小事都能夠使她的內心感到喜悅。

◆相合性的顏色及適合的職業

相合性佳的顏色是寒色系的明色。適合的職業是俳句詩人、播音員以及紡織品的圖案設計師等。

◆今天出生的名人

秦孝儀、愛迪生、亨利塔爾伯、維吉尼亞詹森。

2月12日 洋紅色

◆人格特色及生活方式

外表文靜但卻是積極的行動派，外向性、熱情、激烈的感情。

是屬於外向、積極的行動派。外表看起來非常溫順，事實上內心擁有激烈的感情，被熊熊的熱情包裹著。

◆相合性的顏色及適合的職業

洋紅色（carmine：如胭脂蟲般紅色染料的顏色）與寒色系的中間色調相合性佳。適合的職業是演奏家或外交官等。

◆今天出生的名人

亞伯拉罕林肯、方勵之、比爾羅素、葉玉卿、達爾文。

2月13日 粉藍色

◆人格特色及生活方式

重視自己價值觀的活動家，家庭、一板眼、向上心。

很討厭亂七八糟的狀態，任何事物都會努力的整理整齊。個性努力，具有向上心。此外，會選擇理想的結婚對象組織幸福的家庭。非常重視自己的價值觀，也很重視自己的意欲。

◆相合性的顏色及適合的職業

相合性佳的顏色是黃色。適合的職業是旅行作家或保母、導遊等。

◆今天出生的名人

黃春明、威廉肖克萊、派蒂伯格、喬吉斯史曼農、法拉索。

2月14日 海松色

◆人格特色及生活方式

具有都市感覺的人，自相矛盾、誠實、氣質與威嚴。

有時會出現自相矛盾的態度，但是卻是個認真的人。喜歡都市的感覺，有氣質、重視威嚴。

◆相合性的顏色及適合的職業

與海松色（帶有灰色的橄欖綠）相合性佳的顏色是暖色系的中間色調。適合的職業是教練或圖案設計師等。

◆今天出生的名人

酒井法子、蕭爾斯、卡爾伯恩斯頓、馬爾薩斯、裴德列克道格拉斯。

2月15日 勿忘我草色

◆人格特色及生活方式

會三思而後行的慎重派，友情、和平、協調。

具有協調的人格，希望和平。非常重視友情，能夠以平穩的態度與他人接觸，因此，深獲他人的信賴。行動之前一定會再三思考，非常慎重，但要注意不要讓機會逃掉了。

◆相合性的顏色及適合的職業

勿忘我草色（像勿忘我草的天空般的顏色）與白色相合性佳。適合的職業是作詞家或設計師等。

◆今天出生的名人

葛洛恩尼、伽利略、蘇珊安東尼、沙克爾頓、尤秋興（動力火車）。

2月16日 灰藍色

◆人格特色及生活方式

經常想要提升自己的努力家，謙虛、踏實、克己心。

非常重視能夠啟發自己的朋友，具有謙虛、自制心，但是總給人無法坦誠的印象。經常想要提升自己，是非常踏實的努力家，即使遇到阻礙也不會屈服。

◆相合性的顏色及適合的職業

灰藍色（smoke blue：帶點灰色的藍色）與暖色系的明色相合性佳。適合的職業是運動選手或教練等。

◆今天出生的名人

鍾楚紅、約翰薛里辛格、豬頭皮、波頓、柏根。

2月17日 粉藍色

◆人格特色及生活方式

容易一頭栽進去的熱中型，耐性、完美主義、品格。

具有忍耐力。品格很好，是個完美主義者，責任感也很強，但是，很容易一頭栽進一件事情中，然後就閉口不言。

◆相合性的顏色及適合的職業

粉藍色（smalt：在藍色玻璃上呈現的粉色）與暖色系的明色相合性佳。適合的職業是室內設計師、動畫片繪製者或工業設計者等。

◆今天出生的名人

連雅堂、錢復、霍爾布魯克、麥可喬登、謝爾夫。

2月18日 巧克力色

◆人格特色及生活方式

能夠正確主張自己想法的人，不屈不撓的魂魄、直覺、自我正當化。

具有不屈不撓的精神，擁有獨特的直覺。但是有點自以為是，常常認為自己所想的是對的，但要注意不要太過於自信。

◆相合性的顏色及適合的職業

巧克力色（chocolate：暗棕色）與暖色系的中間色調相合性佳。適合的職業是與生活有關的研究者或古董美術商等。

◆今天出生的名人

陳水扁、小野洋子、約翰屈伏塔、謝普、塞哥維亞、莫莉森、馬丁路德。

2月19日 暗紫藍色

◆人格特色及生活方式

了解自己未來方向的有志之士，大成就、指導者、感性。

可以說是個大人物，但是，卻沒有注意到自己與生俱來的指導者的能力。非常了解自己的立場以及未來的方向，不只是琢磨自己的感性而已，也能夠對於他人的感性給予極高的評價。

◆相合性的顏色及適合的職業

暗紫藍色（具有暗紫色氣味的藍色）與純色相合性佳。適合的職業是公司經營者、教育者等。

◆今天出生的名人

哥白尼、李馬文、卡爾森馬克庫勒、海丁、村上龍。

2月20日 小鳥的顏色

◆人格特色及生活方式

具有強烈個性以及自我主張的人，魅力、個性、節度。

蘊藏著強烈的個性，讓人感覺到這是一種具有魅力的美。能夠將自己喜歡的事物變成美的東西。雖然有自我的主張，但是並不會過度，非常有節制。

◆相合性的顏色及適合的職業

小鳥的顏色（淡紅色的黃色）與寒色系的中間色調相合性佳。適合的職業是室內設計師、佈景設計師等。

◆今天出生的名人

薛尼鮑迪、雷尼杜伯士、巴克里、安西爾亞當斯、志村健、長嶋茂雄。

2月21日 日光燈色

◆人格特色及生活方式

能夠快樂的追求新目標的樂天家，感性、快樂的氣氛、藝術的才能。

是位樂天家，能夠創造非常快樂的氣氛。有時也會出現令人眼睛為之一亮的敏銳感性，能夠發揮富有創意的藝術才能，令人驚訝。經常追求新的東西。

◆相合性的顏色及適合的職業

日光燈色（lime light：強烈白色日光燈般的顏色）與茶色相合性佳。適合的職業是香味、園藝等的研究家或護士等。

◆今天出生的名人

奧登、亨利紐曼、妮娜西蒙、安妮絲寧、大前研一。

2月22日 鬱金香色

◆人格特色及生活方式

能夠使人爆發出歡喜的行動派，人道主義、實行主義、羅曼蒂克。

擁有非常高雅的氣質，是行動先於言詞的行動派，為人道主義者。具有高雅的羅曼蒂克的感情，能夠讓周遭人的眼睛都充滿了淚水，也能夠引起周邊人強烈的歡喜與感動。

◆相合性的顏色及適合的職業

鬱金香色（被鬱金香的根所染成的具有濃厚紅色味道的黃色）與寒色系的中間色調相合性佳。適合的職業是教育者、聲樂家等。

◆今天出生的名人

喬治華盛頓、蕭邦、叔本華、艾爾文、愛德華甘迺迪。

2月23日 菜的花色

◆人格特色及生活方式

總是懷有希望向前進的人，放鬆、社交性、向前看。

身心都能夠放鬆，是不會被社會習慣所侷限的人。能夠享受富裕的生活，和任何人都能夠敞開心扉侃侃而談。能夠擁抱希望，言行都是向前看。

◆相合性的顏色及適合的職業

相合性佳的顏色是深黃色。適合的職業是餐飲店的經營者或作曲家、歌手等。

◆今天出生的名人

鍾鎮濤、王令麟、羅斯奇德、彼得方達、杜波伊斯。

2月24日 柔綠色

◆人格特色及生活方式

能夠獲得他人尊敬的踏實者，均衡、區別、不屈不撓。

是個踏實者，凡事都能夠有所區別，故能獲得他人的尊敬。絕對不會勉強他人，是個不屈不撓的人。

◆相合性的顏色及適合的職業

柔綠色（reed green：如蘆葦般柔和的綠色）與茶色相合性佳。適合的職業是外國文化研究家或司法官、行政官等。

◆今天出生的名人

蕭麗紅、麥可李葛南、威漢格林、飛鳥涼、溫斯洛荷馬、山本陽一。

2月25日 綠白色

◆人格特色及生活方式

具有耐力，能夠朝著目標前進的努力家。目的、感動、名譽。

絕對不會對障礙屈服。在工作方面非常有耐性，能夠發揮不屈不撓的精神。此外，也了解自己的方向。讓人非常感動。會因為獲得他人的好評而喜悅不已。

◆相合性的顏色及適合的職業

綠白色（mist white：具有綠色氣味的白色）與暖色系的明色相合性佳。適合的職業是才藝教室的講師或職業訓練指導員等。

◆今天出生的名人

王芷雷、韓德爾、卡羅素、喬治哈里遜、雷諾瓦、威廉・福克納。

2月26日 灰綠色

◆人格特色及生活方式

能夠面對難題全力以赴的挑戰者，圓滿、努力、正確。

具有自制心，是個人格圓滿的人。非常勤勉，能夠踏實的努力，對工作要求正確，因此獲得好評，使人對她產生信賴感。此外，也有全心全力針對難題的傾向。

◆相合性的顏色及適合的職業

灰綠色（明亮灰色氣味的綠色）與寒色系的中間色調相合性佳。適合的職業是陶藝家或法院事務官等公務人員等。

◆今天出生的名人

竹下登、強尼凱西、雨果、華嚴、愛米立庫夫、黃品冠。

2月27日 柳茶色

◆人格特色及生活方式

自由自在、不受束縛的受歡迎的人，愉快的會話、大而化之、解放。

擅長於快樂的談話，能夠使周圍的人感到舒服。但是，自己的生活也有隨隨便便的一面。人緣佳，討厭被禮儀、規範所束縛。

◆相合性的顏色及適合的職業

相合性佳的顏色是寒色系的中間色調。適合的職業是與自然草木或藥草有關的研究家等。

◆今天出生的名人

蔣彥士、伊莉莎白泰勒、朗費羅、史坦貝克、君士坦丁大帝。

2月28日 橄欖綠

◆人格特色及生活方式

非常重視與人交流的人。具感性、踏實、優雅。

喜歡這個顏色的人具有豐富的感性，非常均衡，是屬於踏實型的人。重視與他人的交流，言行舉止非常優雅，具有使人眼睛為之一亮的魅力。

◆相合性的顏色及適合的職業

橄欖綠（olive green）與有顏色的中間色調相合性佳。適合的職業是管樂器的演奏者或精神治療師等。

◆今天出生的名人

劉俠、班傑明西格、吉拉汀法拉、鮑林、文生明尼利。

2月29日

黑綠色

◆人格特色及生活方式

很會照顧朋友的正直者，道德、智能、構想。

喜歡這個顏色的人是以高道德為目標，在人生的道路上絕對不會走上歧路。很會照顧別人，凡事都能夠正確的完成。是一位能夠了解新觀念的人。

◆相合性的顏色及適合的職業

黑綠色（ivy green：接近黑色的綠色）與橙色相合性佳。適合的職業是鋼琴演奏者、作曲家等。

◆今天出生的名人

巫啟賢、米雪兒摩根、德賽、喬治賽法利、戴娜蕭、飯島直子。

3月1日 一斤染色

◆人格特色及生活方式

使人呈現朝氣的元氣者，責任感、關心、溫柔。

責任感強，總是給人勇氣，喜歡幫助別人。一些他人沒有注意到的小細節，她都會注意到，是能夠積極承受責任的人。

◆相合性的顏色及適合的職業

一斤染色（紅葉所染成的淡粉紅色）與白色的相合性最佳。適合的職業是物理學治療師、職業傷害治療師、牙醫等。

◆今天出生的名人

趙守博、中山美穗、芥川龍之介、波提且利、韓斯霍夫曼。

3月2日 淡粉紅色

◆人格特色及生活方式

能夠創造幸福家庭的人，理想、家庭的溫柔、包容力。

具有包容力。如果是女性，就以父親類型或稚性的男性為理想像。如果是男性，則以母親或清純姑娘等類型的女性為理想像。擁有崇高的理想，喜歡溫暖的家庭環境。

◆相合性的顏色及適合的職業

淡粉紅色（baby pink：淡粉紅色）與白色、黑色、灰色相合性佳。適合的職業是作家、畫家、花藝設計師等。

◆今天出生的名人

戈巴契夫、邦喬飛、倪文亞、馬克斯舒斯特、戴西阿納茲。

3月3日 淺桃色

◆人格特色及生活方式

了解被愛之美的人，精神的愛情、禮節、穩重。

喜歡被別人保護，積極的追求愛情，是個在禮儀中飄蕩著穩重感的女性。

◆相合性的顏色及適合的職業

淺桃色（微風將羽毛吹起的粉紅色）與明亮的寒色系相合性佳。適合的職業是自然療法的研究家或政治家等。

◆今天出生的名人

珍哈洛、隆納德賽爾、賈基喬納克絲、小蟲、徐懷鈺、貝爾。

3月4日 亮紅色

◆人格特色及生活方式

大致說來是不容易滿足的人，主角、高尚、敏感。

總是喜歡扮演主角的角色。自尊心強，無法滿足於平均的程度。在感情方面較為敏感，很討厭中傷。

◆相合性的顏色及適合的職業

亮紅色（poppy red：明亮的紅色）與白色的相合性佳。適合的職業是花藝等的老師或女演員、芭蕾舞者等。

◆今天出生的名人

伊能靜、許歷農、瑞辛絲卡雅、彭特、蕭颯、野島仲司。

3月5日 紫紅色

◆人格特色及生活方式

想法踏實的人，現實主義、豐富的感性、熱情。

人格、思想都非常現實，內心深處蘊含了熱情。具有豐富的感性，能夠吸引他人的注意。

◆相合性的顏色及適合的職業

紫紅色（cherry red：如櫻桃般具有帶點紫色的紅色）與白色相合性佳。適合的職業是建築師、舞台美術家等。

◆今天出生的名人

皮耶帕羅帕索里尼、羅莎盧森堡、查爾斯富勒、皮諾內西。

3月6日 櫻花色

◆人格特色及生活方式

具有可以使人感動的神秘力量，愛情、體貼、健全。

愛情深厚，是不吝惜付出的體貼之人。多情，能夠使許多人感動，並且得到讚賞，擁有健全的人格。

◆相合性的顏色及適合的職業

與白色的相合性佳。適合的職業是說相聲、職業治療師等。

◆今天出生的名人

米開朗基羅、羅伯雷納、安瑞威達、馬奎斯、伊莉莎白伯朗寧。

3月7日 橙紅色

◆人格特色及生活方式

由衷的希望他人幸福的人，溫柔、細心、感性。

富於感性與溫柔，是個能夠由衷希望他人幸福的人。男性能夠發揮超越女性的溫柔，關心他人更甚於關心自己。

◆相合性的顏色及適合的職業

橙紅色（salmon pink）與白色以及銀色的相合性佳。適合的職業是工藝家、生活消費指導者等。

◆今天出生的名人

柏楊、藍道、班阿敏威廉斯、法蘭哥哈里斯、皮耶蒙德里安。

3月8日 紅梅色

◆人格特色及生活方式

充滿愛的女人，愛情、安定的精神、女性化。

希望愛、希望被愛，積極的照顧他人，是非常女性化的人。此外，也懂得如何紓解緊張、壓力，經常會刻意放鬆自己，讓自己的精神安定。

◆相合性的顏色及適合的職業

相合性佳的顏色是白色、象牙色、淺蔥色、藏青色。適合的職業是工藝作家或是與社會福利有關的工作等。

◆今天出生的名人

葉童、赫特、奧利佛福爾摩斯、格雷厄姆、小巴哈。

3月9日 珊瑚色

◆人格特色及生活方式

積極嘗試，使夢想實現的行動派。意慾旺盛、勇猛果敢、外向性。

充滿意慾，具有活動性，會出現勇猛果敢的誇大性行動。具有外向性的性格，能吸引眾人注意，也具有使夢想實現的能力。

◆相合性的顏色及適合的職業

相合性佳的顏色是白色、黑色、灰色。適合的職業是律師、藝術化妝大師等。

◆今天出生的名人

莫洛托夫、亞美利哥維斯浦奇、蓋加林、鄭中基、柯瑞奇。

3月10日 信號紅

◆人格特色及生活方式

活躍於許多領域的元氣者，羅曼蒂克、持久力、指導者。

這是具有羅曼蒂克的人，而且具有持久力。能夠投入工作，在各種領域擔任指導者的任務。

◆相合性的顏色及適合的職業

信號紅（signal red：紅綠燈的紅色）與白色、黑色、灰色相合性佳。適合的職業是攝影師、美容師等。

◆今天出生的名人

喬治福爾曼、蔡元培、洛史都華、烏蘭諾娃、松田聖子。

3月11日 淺灰褐色

◆人格特色及生活方式

溫柔、具有寬大的心。慈悲為懷、熱情、手藝好。

高雅、寬大，具有慈悲的心。能夠靈活的從事工作，手藝非常好，而且能夠專注於工作上。

◆相合性的顏色及適合的職業

淺灰褐色（淡的灰褐色）與白色和寒色系的中間色調相合性佳。適合的職業是評論家、諮商顧問等。

◆今天出生的名人

桃樂絲吉許、魯伯特莫達克、莫瑟艾靈頓、勞夫艾伯納西、派提帕。

3月12日 紅橘紅

◆人格特色及生活方式

將他人導入正途的天使，極單純、感性、天真。

能夠提高他人的感性，會將他人具有類似諷刺習慣等的負面性格矯正為正面的性格。單純、天真的性格會使他人脫下虛偽的外衣，在不知不覺中彼此成為無所不談的好友。

◆相合性的顏色及適合的職業

紅橘色（orange vermilion：帶點紅色的橘色）與白色以及寒色系的中間色調相合性佳。適合的職業是服裝設計師、警犬訓練師等。

◆今天出生的名人

達爾墨菲、麗莎明妮莉、愛德華阿爾比、朱天心、尼金斯基。

3月13日 柿子色

◆人格特色及生活方式

非常健康，能夠表現出自己的元氣者。健全的身心、組織力、偉大的希望。身心健全，並且能夠完整的表現出來。此外，也擁有非常大的願望。企業家的精神非常強，能夠發揮組織力，實現夢想。

◆相合性的顏色及適合的職業

相合性佳的顏色是藏青色、白色、深棕色。適合的職業是科學家、詩人、公司經營者等。

◆今天出生的名人

吉永小百合、亞楞斯基、胡伯特、尤金塞南、休格沃夫、烏爾·保羅。

3月14日 黃紅色

◆人格特色及生活方式

鮮豔、充滿朝氣的行動派。能量、明朗快活、熱情。

具有外向、開朗的性格。在沉著的外觀下，其實內心具有非常激烈的感情以及熱情。不論是身心或生活都非常充實，經常擁有一種使命感，會面對新的事業，勇敢挑戰。

◆相合性的顏色及適合的職業

黃紅色（scarlet：帶點黃色的紅色）與白色相合性最佳。適合的職業是工業設計師、新聞記者等。

◆今天出生的名人

泰勒曼、栗原小卷、愛因斯坦、埃利希、法南克包曼。

3月15日 鐵紅色

◆人格特色及生活方式

能夠自發性產生行動的熱情家。活潑、健康、外向性。

具有外向的性格，能夠排除心理的壓力。此外，食慾旺盛，是很活潑的人。另外，也有衝動的一面，對自己關心的事情能夠投入熱情。身心都很健康，是喜歡運動的類型。

◆相合性的顏色及適合的職業

鐵紅色（rouge：如鐵一般的紅色）與白色的相合性佳。適合的職業是運動選手或電視節目的主持人等。

◆今天出生的名人

亞倫比恩、龔鵬程、麥可洛夫、高陽、紀政、武豊。

3月16日 淡紅藤色

◆人格特色及生活方式

身心都非常女性化的人。直覺力、精神高昂、高雅。

身心都非常女性化，對於深入人心非常在行。喜歡藝術，具有了解藝術的資質。精神高昂，能夠培育、啟蒙他人，進行世代的交替。具有直覺力，感情也非常的豐富，總是顯得非常高雅，飄蕩著如王室一般的風格。

◆相合性的顏色及適合的職業

相合性佳的顏色是白色、銀灰色、黑色。適合的職業是電影製片、導演等。

◆今天出生的名人

貝托魯奇、弗蘭德斯、普魯德侯姆、傑瑞路易斯、羅傑諾林頓、柏原崇。

3月17日 深紫色

◆人格特色及生活方式

能夠陸續創造出新東西的創造者。創造力、生活感覺、異國情調。

擁有非常難得的創造力。此外，傾向於具有異國情調的東西，這也是創造力的基本。生活感覺非常好，程度也非常高。

◆相合性的顏色及適合的職業

深紫色（mauve：如錦葵的花一般的紫色）與黃色的相合性佳。適合的職業是料理研究家、外交官等。

◆今天出生的名人

黃品源、殷琪、安娜威廉斯、山米鮑格、魯道夫紐瑞耶夫。

3月18日 吊鐘花紫色

◆人格特色及生活方式

對於任何事情非常敏感的神秘者。敏銳、神秘性、高貴。

帶給人高貴而神秘的印象，總是保持著非常沉著的態度。這個顏色具有反射非常敏銳，提早復原的能力。

◆相合性的顏色及適合的職業

吊鐘花紫色（campanula purple：如吊鐘草的花般的顏色）與白色相合性佳。適合的職業是登山家、航空管制官、賽車運動員等。

◆今天出生的名人

蔣經國、林海音、張伯倫、馬拉美、林姆斯基高沙可夫、芳本美代子。

3月19日 深青紫色

◆人格特色及生活方式

內心像湖泊一般沉靜的美人。沉著、健康、安定感。

身心健康、安定，絕對不會有誇大不實的思想，也不會有脫軌的行動。此外，這個能力也影響周圍的人。

◆相合性的顏色及適合的職業

深青紫色（violet：如香菫般的深青紫色）與白色、乳白色相合性佳。適合的職業是醫生、顧問等。

◆今天出生的名人

洪榮宏、徐若瑄、葛倫克蘿絲、西瑞卡、布魯斯威利、厄普。

3月20日 古代紫色

◆人格特色及生活方式

總是冷靜判斷事物的人。沉著、高雅、宗教的高貴。

追求神秘的宗教。態度高雅、冷靜，使得和他在一起的人也會非常沉著，是能夠巧妙控制感情的人。

◆相合性的顏色及適合的職業

古代紫色（讓人聯想到古代的紫色）與白色的相合性佳。適合的職業是聲樂家、宗教家或畫家等。

◆今天出生的名人

郭泰源、荷莉杭特、易卜生、威廉赫特、梁丹丰、上岡龍太郎、大石惠。

3月21日 淡紫色

◆人格特色及生活方式

能夠使周圍的環境變得美麗的人。天賦的才能、神秘性、與世事無關。

具有他人比不上的天賦才能。充滿神秘的魅力，能夠使周圍的環境變得更美，絕對不會捲入世俗的是非中。

◆相合性的顏色及適合的職業

淡紫色（pale orchid：淡淡紫丁花的顏色）與暖色系、寒色系的中間色調相合性佳。適合的職業是歌手或占卜師等。

◆今天出生的名人

巴哈、提摩西達頓、克里思欽森、吉爾伯特、穆索斯基。

3月22日 藤紫色

◆人格特色及生活方式

不管在何處都會被人喜歡的具有人氣的人。品格、獨特性、謹慎。

高雅、敏感，是非常纖細的人。性格謹慎，熱心於照顧他人、指導他人，是深受同性及異性喜愛的類型。

◆相合性的顏色及適合的職業

藤紫色（deep mauvette：比藤稍微深一點的紫色）與中間色調相合性佳。適合的職業是棋士、舞蹈家等。

◆今天出生的名人

王玉雲、馬歇馬叟、密立肯、范戴克、威廉夏特納、前川和也。

3月23日 深紫色

◆人格特色及生活方式

追求內心朋友的羅曼蒂克。直覺的性質、高尚的興趣、主觀的。

希望有人能夠了解自己的感性，非常羅曼蒂克，追求心靈的朋友，但是往往無法以客觀的態度來面對感情。擁有高尚的興趣，會深入的探究文化。但必須要特別注意，不要太過於自以為是，注意周圍的眼光非常重要。

◆相合性的顏色及適合的職業

深紫色（mallow：如錦葵花般強烈的紫色）與白色、乳白色相合性佳。適合的職業是撰稿記者、採訪記者、攝影師等。

◆今天出生的名人

張俊雄、黑澤明、大澤逸美、布勞恩、格里斯、佛洛姆。

3月24日 深草紫色

◆人格特色及生活方式

絕對不自傲的高品格者。安定、洗練、藝術的才能。

絕對不自傲、不妄想，是心靈安定的人。具有文化的志向，多半都是藝術家。喜歡洗練的藝術作品，而且了解悠閒的人生樂趣。

◆相合性的顏色及適合的職業

深草紫色（被紫色的草染成的深紫色）與白色、藏青色相合性佳。適合的職業是廣播節目主持人、插圖畫家、雕刻家等。

◆今天出生的名人

楊乃藩、郭李建夫、鮑威爾、史提夫麥昆、莫里斯、比爾波特。

3月25日 酒紅色

◆人格特色及生活方式

具有直覺力及威嚴，是威名遠播的藝術家。主角的風格、個性、自信。

是具有個性、直覺力的藝術家類型。頗具威嚴，覺得自己理所當然能夠擁有這種地位，是個自信家。

◆相合性的顏色及適合的職業

酒紅色（wine red）與白色相合性最佳，其次是藏青色，與除此之外的顏色並不調和。適合的職業是建築師或科學家等。

◆今天出生的名人

梁詠琪、大衛連、艾爾頓強、艾瑞莎富蘭克林、托斯卡尼尼。

3月26日 淡灰綠色

◆人格特色及生活方式

果敢的努力家。新的可能性、行動力、明確的判斷力。

不管遇到什麼樣的難題，都會發現新的可能性，是非常努力、積極的行動派，一定能夠達成目的。擁有明確的判斷力，因為並不採取先入為主的觀念，所以會吸收很多人的意見，得到許多人的支援。

◆相合性的顏色及適合的職業

淡灰綠色（silver green：帶點灰色的淡綠色）與白色相合性佳。適合的職業是國際政治學者或通譯、電影製片等。

◆今天出生的名人

佛洛斯特、黛安娜蘿絲、詹姆士肯恩、張信哲、約翰史塔頓。

3月27日 淡綠色

◆人格特色及生活方式

像花的生命般廣闊的美女。天賦的美貌、精神的陶冶、自我表現。

具有天賦的美貌，就像花的生命般廣闊，能夠率直的服從本性的命令，美的程度不斷向這方面擴展。培養才能、陶冶精神，創造出屬於自己的藝術表現，真可以說是天性。

◆相合性的顏色及適合的職業

淡綠色（opal green：淡淡的綠色）與白色一個顏色相合性佳。適合的職業是版畫家或鋼琴演奏家等。

◆今天出生的名人

莎拉佛漢、倫琴、萊斯爵士、羅斯托波維奇、密斯凡德羅、遠藤周作。

3月28日 淡綠藍色

◆人格特色及生活方式

語言能夠讓人感覺出不可思議香味的人。感謝、教養、體貼。

因為太美麗了，所以，往往會讓人誤解為「冷淡的女性」。從孩提時代開始，就不太喜歡和同年齡的少女一起遊玩，總是和大人在一起。她的語言中飄蕩著不可思議的香味，這種體貼的深度會讓人由衷的感謝，「讓人覺得心情非常舒暢」。這是非常適合新社會的教養。

◆相合性的顏色及適合的職業

淡綠藍色（pale aqua：帶有淡淡綠色的天空色）與白色的相合性佳。適合的職業是記者、翻譯家、廣播員等。

◆今天出生的名人

邱永漢、布希、拉斐爾、高爾基、王羽、水野真紀。

3月29日 淡藍綠色

◆人格特色及生活方式

能夠釐清複雜問題的謙虛的人。謙虛、認真、專業知識。

非常謹慎，很少發言，總是注意傾聽他人的意見。非常認真，並不是醒目的存在。累積了豐富的專業知識，以觀察及檢證為基礎來掌握事情的本質。不僅如此，也能夠將複雜的問題理出個頭緒。

◆相合性的顏色及適合的職業

淡藍綠色（spray green：帶點藍色的綠色）與白色相合性佳。適合的職業是服裝設計師、美術館解說員等。

◆今天出生的名人

蔣宋美齡、張曉風、曹竣揚、泰勒、艾爾頓、梅傑、厄爾坎貝爾。

3月30日 粉藍色

◆人格特色及生活方式

能夠從心情的變化中培養出創作力的浪漫主義者。趨勢、熱情與悠閒、內心溫暖的情緒。

富於羅曼蒂克，能夠培養溫暖的感情。要求的是都市般的熱情以及田園般的悠閒，能夠從心情的變化中培養豐富的創造力。能夠完成從未做過的工作，走在時代的尖端。

◆相合性的顏色及適合的職業

粉藍色（pastel blue）與白色、灰色相合性佳。適合的職業是料理家、園藝家等。

◆今天出生的名人

黃子佼、艾瑞克克萊普敦、梵谷、華倫比提、哥雅、坂本冬美。

3月31日 淡紅黃色

◆人格特色及生活方式

能夠自由行動的運動家。激勵、深深的感動、歡喜與悲哀。

廣大的感情世界——擁有深切的感動以及溫柔的感情、歡喜與悲哀。因為能夠接受他人的感情，所以值得依賴，而且也具有激勵的力量。此外，也是能夠自由行動的運動家型。

◆相合性的顏色及適合的職業

淡紅黃色（straw：如麥草帽般帶點紅色的黃色）與寒色系的明色相合性佳。適合的職業是醫師或運動家等。

◆今天出生的名人

鄭怡、高爾、海頓、笛卡兒、果戈里、強森、大島渚、筒井道隆。

4月1日 淡櫻花色

◆人格特色及生活方式

能夠創造出幸福氣氛的浪漫主義者。洗練、友人、微笑。

具有很高的知性以及洗練的精神，是個浪漫主義者。和朋友交往親密，充滿朝氣的微笑讓周圍的人都沉浸在幸福的氣氛中。

◆相合性的顏色及適合的職業

相合性佳的顏色是白色和銀灰色。適合的職業是作家、文學研究家、外交官等。

◆今天出生的名人

海爾、米蘭昆德拉、馬斯洛、俾斯麥、三船敏郎、親鸞。

4月2日 淡黃粉紅色

◆人格特色及生活方式

能夠表現天才感性的努力家。詩的情緒、頭腦清晰、單純。

具有清晰的頭腦，富於魅力。優美的行動以及如詩樣情緒化的感情表現，都來自於清澄的單純。是個踏實的努力家。

◆相合性的顏色及適合的職業

淡黃粉紅色（shell pink：帶有淡淡黃色的粉紅色）與白色相合性佳。適合的職業是以自然為對象的學者或歌手、作家等。

◆今天出生的名人

蔡源煌、克萊斯勒、安徒生、卡薩諾瓦、左拉、岡本綾子。

4月3日 紫粉紅色

◆人格特色及生活方式

能夠解讀趨勢，感覺敏銳的人。體貼、單純、想像力與技巧。

高雅，是非常體貼的人。此外，體型均勻，肌膚美麗、健康，有著天真爛漫無邪的一面。具有非凡的知性能力、想像力以及技巧，這些長處再加上能夠敏銳的解讀時代的趨勢，所以，社會大眾給予他非常好的評價。

◆相合性的顏色及適合的職業

紫粉紅色（fuchsia pink：如吊鐘草般具有紫色味道的粉紅色）與白色、灰色相合性佳。適合的職業是女演員、流行設計師等。

◆今天出生的名人

馬龍白蘭度、柯爾、艾迪墨菲、祝基瀅、珍古德、大谷直子。

4月4日 深粉紫色

◆人格特色及生活方式

充滿溫柔的人。情緒、社交性、新的目標。

擁有溫柔的感情，能夠創造溫暖、悠閒的家庭氣氛，而且具有社交性。非常有創造力，並且深獲好評。經常都會面對新的目標努力前進。

◆相合性的顏色及適合的職業

深粉紫色（deep orchid pink：如蘭花般稍微帶點深紫色的粉紅色）與寒色系的中間色調相合性佳。適合的職業是節目製作人或美食評論家等。

◆今天出生的名人

瑪雅安吉羅、普律東、莒哈絲、小勞勃道尼、凱莉。

4月5日 青藤色

◆人格特色及生活方式

會注意全身衣著的人。與人交往、神秘的熱情、洗練。

內心蘊含神秘的熱情，擅於與人交往。具有洗練的感覺，能夠將人引導到美的世界。言行謹慎，不太愛說話，但是任何事都會以簡單、明瞭的方式傳達，所以深獲大家的好感。具有融合新事物及舊事物的能力。

◆相合性的顏色及適合的職業

相合性佳的顏色是白色。適合的職業是演員、作家、舞台美術或服裝設計等。

◆今天出生的名人

溫金龍、雷斯尼克、卡拉楊、葛雷哥萊畢克、霍布斯、谷口浩美。

4月6日 天空色

◆人格特色及生活方式

脫離現實、追求完美的人。單純、澄澈的視線、洗練。

非常單純，澄澈的視線要求所接觸到的一切都具有洗練之美，不久之後就會產生高度結晶的創作。有時會脫離現實，遊走在理想的境界裡。

◆相合性的顏色及適合的職業

天空色（chalk blue：天空色）與白色相合性佳。適合的職業是獸醫、動物美容師、髮型設計師等。

◆今天出生的名人

胡迪尼、常楓、萊文森、史卡利、詹姆士華生、宮澤理惠。

4月7日 白百合色

◆人格特色及生活方式

對於各種事情都抱持興趣的努力家。多才多藝、內向性、創意工夫。

對於各種興趣、才藝、技術都懷有一份憧憬，不喜歡模仿既成的事物，會不斷的在創意方面下工夫。具有多才多藝的一面，但是，也具有內向性，因此，必須要有強勢的指導者方能使其才能延伸。

◆相合性的顏色及適合的職業

相合性佳的顏色是中間色調。適合的職業是研究者、醫生等。

◆今天出生的名人

鄭淑敏、侯布匈、森卡、克理斯金森、華滋華斯、竹村健一。

4月8日 淡綠色

◆人格特色及生活方式

飄蕩著模糊存在感的人。希望、準備週到、敬愛。

只要擁有一點點的希望就會加以實現，並且在實現之後又會陸續湧現新的希望。能夠正確的從事工作，準備得非常周到、細緻，因此能夠獲得他人的敬愛。絕對不會感到孤獨，能和周圍產生調和感。

◆相合性的顏色及適合的職業

相合性佳的顏色是白色。適合的職業是游泳等的運動指導員或舞蹈老師等。

◆今天出生的名人

侯孝賢、桑妮雅海妮、貝蒂福特、維奇克、朱利安藍儂、松本明子。

4月9日 梔子黃色

◆人格特色及生活方式

能夠適應各種狀況，具有行動力的人。運動感覺、流水性的動作、高的智慧。

具有敏銳的運動感覺，動作就像流水般的自然。遇到難題時會配合狀況冷靜的判斷，並且巧妙地處理。內心深處蘊含了高度智慧。

◆相合性的顏色及適合的職業

梔子色（淺紅黃色）與白色的相合性佳。適合的職業是花藝設計師或藝術化妝師等。

◆今天出生的名人

休海夫納、瑪麗碧克馥、羅貝森、波特萊爾、楊波貝蒙。

4月10日 南瓜色

◆人格特色及生活方式

能夠積極探究年輕世代感性的先驅者。澄澈的瞳孔、清純、細密的思考。

擁有白皙的牙齒，令人感覺像天使般澄澈的瞳孔散發著無限的魅力。是個清純的人，能夠獲得大家的信賴。具有細密的思考性，這時需要的就是面對核心、訂立計劃。深具探究年輕世代感性的心，是屬於先驅者的角色。

◆相合性的顏色及適合的職業

南瓜色（pumpkin：具有強烈黃色味道的橘色）與白色相合性佳。適合的職業是女演員、撰稿員、製作人等。

◆今天出生的名人

麥登、喬治羅素、柏金斯、克萊兒布斯魯斯、奧瑪雪瑞夫、堂本剛。

4月11日 蒸栗色

◆人格特色及生活方式

了解人情世故、踏實的技術者。努力家、技術、朝氣。

是非常踏實、認真的努力家，期望非常高，隨時都充滿著朝氣。非常了解人情世故，是對於現實的事情充滿著興趣的技術人員。

◆相合性的顏色及適合的職業

相合性佳的顏色是白色。適合的職業是飛機技師等與技術有關的工作或是企業家。

◆今天出生的名人

歐雷卡西尼、瑪麗歐文頓、古德曼、吳東亮、查爾斯伊凡斯休斯。

4月12日 灰綠白茶色

◆人格特色及生活方式

重視傳統、有技術的自信家。傳統、技巧、主張。

有點固執，忠於傳統。技巧非常純熟，但是自我主張太強，是個自信家。不過要注意不要太相信自己的才能。

◆相合性的顏色及適合的職業

灰綠白茶色（帶點綠色的顏色）與白色的相合性佳。適合的職業是工業設計師或手工藝品的設計師等。

◆今天出生的名人

德洛內、大衛賴特曼、羅斯、韓考克、倫永亮、田中康夫。

4月13日 灰白色

◆人格特色及生活方式

多愁善感，是生活經驗豐富、幽默的人。樂觀、開朗、哲學性。

具有美貌以及開朗的性格，富於機智，有幽默感，是樂觀的人。此外，也有多愁善感的一面，擁有豐富的生活經驗，抱持哲學性的神秘主義。

◆相合性的顏色及適合的職業

灰白色（frosty grey：如霜般帶點灰色的白色）與白色相合性佳。適合的職業是營養師、廣播或電視作家等。

◆今天出生的名人

杜南、貝克特、伍爾沃斯、傑佛遜、曾虛白、西城秀樹。

4月14日 老鼠色

◆人格特色及生活方式

能夠使人神魂顛倒，如仙女般的人。美貌、溫和、體貼。

擁有最高的美貌，也有無與倫比的抒情輪廓。不只是外表的美貌而已，還有一顆溫柔、體貼的心，柔和親切的言行，讓她深具魅力。

◆相合性的顏色及適合的職業

相合性佳的顏色是白色。適合的職業是照明或室內設計師等。

◆今天出生的名人

曾志偉、工藤靜香、今井美樹、杜華利、阿里阿卡巴汗、蘇利文。

4月15日 淡綠白色

◆人格特色及生活方式

義理人情深厚，充滿正義感的人。中立不偏、保守性、傳統。

義理人情深厚，充滿正義感，具保守性，不偏不倚，具有中立的想法。重視傳統，以體制為優先，為了維持名譽以及社會地位會不惜一切的努力。

◆相合性的顏色及適合的職業

淡綠白色（pale mist white：帶點綠色的白色）與白色相合性佳。適合的職業是作家、會計師、律師、稅務人員等。

◆今天出生的名人

牛哥、澎恰恰、柴玲、貝絲史密斯、哈洛得華盛頓、金日成、亨利詹姆斯。

4月16日 灰藍色

◆人格特色及生活方式

會依照規定工作的穩健派。穩健、快活、謙遜。

非常謹慎，是屬於穩健派，會依照規定工作。雖然看起來有點沉重，但是能力很好，非常敏銳，快活也是他的長處。

◆相合性的顏色及適合的職業

灰藍色（sky grey）與寒色系的中間色調相合性佳。適合的職業是運動選手、通譯等。

◆今天出生的名人

陳達、賈霸、卓別林、威伯萊特、朱德庸、季芹。

4月17日 暗灰色

◆人格特色及生活方式

不畏懼任何障礙的踏實派。踏實、責任感、客觀的。

能夠區分各種事情，並且以客觀的態度面對工作，排除障礙。非常踏實、有責任感，能夠以洗練的態度來處理事物。

◆相合性的顏色及適合的職業

暗灰色（battleship grey：如軍艦般暗的灰色）與中間色調相合性佳。適合的職業是料理研究家或鋼琴調音師等。

◆今天出生的名人

卡瓦費、迪內森、班達拉耐克、赫魯雪夫、威廉荷頓、高見澤俊彥。

4月18日 石板灰色

◆人格特色及生活方式

為了得到喜悅而勇往前進的行動派。機智、自尊心、良心。

富於機智，自尊心很強。擁有一顆率直的心，無法拒絕別人的請託。此外，也會向命運挑戰，不久之後就會得到成功。為了得到喜悅而會勇猛前進，是屬於行動派。

◆相合性的顏色及適合的職業

石板灰色（slate grey：如石板般暗的灰色）與有顏色的中間色調相合性佳。適合的職業是攝影家、建築師等。

◆今天出生的名人

貝利、戴希奧、史托考夫斯基、馬佐維其、希金斯、小宮悅子。

4月19日 軟炭色

◆人格特色及生活方式

具備洞察力以及技術的人。嚴肅、誠實、技術。

表裡都非常嚴肅。具有敏銳的洞察力、融通性，具有產生新技術的可能性，也擁有產生魅力的能力，對任何人都能夠誠實以待，深深吸引他人。

◆相合性的顏色及適合的職業

軟炭色（暗灰色）與白色、灰色相合性佳。適合的職業是國稅局官員等公務員或文筆評論家等。

◆今天出生的名人

西博格、莫里森、珍曼絲菲、帕洛瑪畢卡索、杜德利摩爾、周俊偉。

4月20日 嫩苗色

◆人格特色及生活方式

清新、活潑有朝氣的人。規律、言詞、愛情。

能夠過著有規律的生活，整體的裝扮也非常清新。使用高雅的言詞，表現出清爽、光輝的感性。有一顆愛人的心，使她深具魅力。

◆相合性的顏色及適合的職業

嫩苗色（如稻田的嫩苗一般的顏色）與白色相合性佳。適合的職業是播報員或雜誌、報紙的採訪記者等。

◆今天出生的名人

畢璞、瓊瑤、彭佳慧、雷恩歐奈爾、丹尼爾戴路易斯、米羅、遠藤直人。

4月21日 嫩菜色

◆人格特色及生活方式

經常以率直的姿勢面對他人的人。敦厚、誠意、感情化。

擁有溫厚的人格，對於任何事情都以率直的姿態來表現自己的意見。充滿誠意與自然的朝氣，容易被羅曼蒂克的音樂或風景畫所吸引，感情非常深厚。

◆相合性的顏色及適合的職業

嫩菜色（如嫩菜般淡淡的黃綠色）與白色的相合性佳。適合的職業是專業運動選手或電影的攝影師等。

◆今天出生的名人

韋伯、里貝克、胡茵夢、伊麗莎白二世、穆爾、輪島功一。

4月22日 鸚綠色

◆人格特色及生活方式

喜歡工作更甚於遊玩的行動派。指導者、進取的個性、謙遜。

會不斷前進的行動派。具有謙遜的人格，獲得他人的信賴。能夠得到他人的協助，成為成功的指導者，喜歡工作更甚於遊玩。

◆相合性的顏色及適合的職業

鸚綠色（如鸚鵡羽毛般的綠色）與白色的相合性佳。適合的職業是設計師或攝影師等。

◆今天出生的名人

傑克尼克遜、克倫斯基、列寧、康德、歐本海默、三宅一生、新井春美。

4月23日 葦葉色

◆人格特色及生活方式

能夠集公司信用於一身的可靠的人。調和、順應、人際關係。

能夠維持精神與肉體的協調，順應環境。擁有良好的人際關係以及充分的技術能力，集公司的信用於一身。

◆相合性的顏色及適合的職業

葦葉色（如蘆葦葉子般柔和的綠色）與白色相合性佳。適合的職業是花藝設計或運動選手等。

◆今天出生的名人

莎士比亞、巴德威爾金森、楊采妮、帕蘭克、雷斯特皮爾森。

4月24日 淺黃綠色

◆人格特色及生活方式

深受文學吸引的優雅人士。優雅、溫柔、文學。

器量、性格都很好，動作也非常優雅，非常受人歡迎。喜歡詩以及小說，易被悲傷的故事所感動。

◆相合性的顏色及適合的職業

淺黃綠色（sprout：如嫩芽般的淺黃綠色）與白色相合性佳。適合的職業是芳香療法等能夠影響人類心靈的研究家。

◆今天出生的名人

吉兒愛爾蘭、雪莉麥克連、布莉姬賴利、芭芭拉史翠珊、貝當。

4月25日 草葉色

◆人格特色及生活方式

對工作會出現反應的挑戰者。纖細、運動、時間。

感性纖細，另一方面，對於任何運動都充滿了幹勁，知道如何有效的運用時間來創造更有價值的東西。只要投入一件事情之中，則不管遇到什麼難題，都會勇於挑戰。

◆相合性的顏色及適合的職業

草葉色（herbe：草葉的顏色）與白色相合性佳。適合的職業是駕駛或舞蹈家等。

◆今天出生的名人

艾爾帕西諾、李敖、馬可尼、塔維涅、三浦綾子、鶴田真由。

4月26日 豌豆綠

◆人格特色及生活方式

能夠磨練自己的才能，不忘努力的人。向上心、為人服務、完成的喜悅。

會因為工作或作品的完成而喜悅，不斷的保持向上心。此外，也會為他人盡心盡力，但是絕對不會過度信賴他人或懷疑他人。會經常琢磨自己的才能，不斷努力。

◆相合性的顏色及適合的職業

豌豆綠（deep pea green：如豌豆般的顏色）與白色相合性佳。適合的職業是造型作家、電影導演或美容顧問等。

◆今天出生的名人

林憶蓮、阮玲玉、李連杰、陳沖、休姆、芮克特、栗山英樹。

4月27日 翡翠綠

◆人格特色及生活方式

不斷向新事物挑戰的自信家。見識廣、簡潔、價值觀。

不為型所侷限，擁有廣泛的見識。討厭將簡潔的事做誇大的表現或空洞的修飾，具有非常確定的價值觀，有自信，能夠不斷的向新事物挑戰。

◆相合性的顏色及適合的職業

翡翠綠（emerald green）與暖色系的明色相合性佳。適合的職業是與自然有關的工作或畫家、版畫家等。

◆今天出生的名人

摩斯、李翊君、張京育、史賓塞、陳奇祿、松野明美。

4月28日 藍綠色

◆人格特色及生活方式

能夠產生各種計劃的設計者。成熟、均衡、創意。

感覺平衡，身心都很成熟，能夠產生富於創意的新計劃，並且使其完成。

◆相合性的顏色及適合的職業

藍綠色（turquoise green：如土耳其石般強烈的藍綠色）與白色相合性佳。適合的職業是園藝家或廣告設計等。

◆今天出生的名人

門羅、魯直、海珊、哈波李、奧斯卡辛德勒、松下里美。

4月29日 淺蔥色

◆人格特色及生活方式

受人歡迎，肌膚光滑的人。樸素、體貼、神秘。

因細緻的肌膚而自豪。具備樸實的感性，是容易受傷害的人。對人體貼，深受他人喜愛。也具有神秘性，散發出謎樣般的魅力。

◆相合性的顏色及適合的職業

淺蔥色（淺的青綠色）與白色一色的相合性佳。適合的職業是馴獸師、獸醫、科學家。

◆今天出生的名人

艾靈頓公爵、李立群、蜜雪兒菲佛、阿格西、田中裕子、一色紗英。

4月30日 綠藍色

◆人格特色及生活方式

會累積新知識成長的人。希望、記憶力、協助。

不在乎過去，對明日充滿希望的人。記憶力超群，能夠得到許多人的協助，工作也非常充實。是能夠不斷累積知識成長的人。

◆相合性的顏色及適合的職業

綠藍色（azure blue：帶點綠色的藍色）與白色、灰色相合性佳。適合的職業是腳本家或導遊等。

◆今天出生的名人

張宇、湯瑪士、瑪麗女王二世、威利尼爾森、吉魯巴、常盤貴子。

5月1日 亮藍綠色

◆人格特色及生活方式

充滿朝氣，受人喜愛的人。機敏的行動、抒情性、不畏懼失敗。

充滿蓬勃朝氣、活潑，行動俐落，同時也具有抒情性。不怕工作失敗，非常大膽、踏實。

◆相合性的顏色及適合的職業

亮藍綠色（turquoise：如土耳其石般明亮的藍綠色）與白色的相合性佳。適合的職業是作詞家、廣播作家、節目製作人等。

◆今天出生的名人

方芳、約瑟夫海勒、凱特史密斯、愛迪遜、得夏爾丹、森山泰行。

5月2日 深綠色

◆人格特色及生活方式

具有社交性，但另一方面又討厭喧鬧的自然派。熱情的瞳孔、幽默、寂靜。

擁有熱情的瞳孔，黑髮是特徵。個性幽默，具有敏銳的感性，容易受異性所吸引。也具有溫柔的一面。此外，很討厭刻意的裝扮自己或搔首弄姿的吸引異性。雖然富於社交性，但是，也有喜歡沉靜的自然的一面。

◆相合性的顏色及適合的職業

深綠色（malachite green：孔雀石的深綠色）與暖色系的明色相合性佳。適合的職業是書法家、版畫家、陶藝家等。

◆今天出生的名人

章孝慈、章孝嚴、海達哈潑、沙提阿耶特雷、平克勞斯貝、武藏丸。

5月3日 深青綠色

◆人格特色及生活方式

嚮往澄澈的小川以及耕地的牧歌般的人。對於大地的憧憬、羅曼蒂克、牧歌性。

嚮往充滿綠色芳醇的大地，內心被清澈的山泉、小川，以及看起來整然呈現幾何圖形的耕地、寂靜的農村等牧歌性的風景所吸引。不排斥都會的生活，是充滿羅曼蒂克的人。

◆相合性的顏色及適合的職業

深青綠色（teal green：如小鴨色般的深青綠色）與白色相合性佳。適合的職業是三絃（絃子）、琴等的演奏者。

◆今天出生的名人

吳靜吉、路易斯、巴伯、羅賓森、梅爾夫人、野村宏伸。

5月4日 小鴨色

◆人格特色及生活方式

光明正大掌握勝利關鍵的人物。再生能力、經營力、刷新力。

包含自己在內，能夠使事物再生的人。邊停滯邊刷新自己的事業，可在無意識中掌握利益。光明正大的言行可以提高自己的存在價值，是能夠掌握勝利關鍵的人。

◆相合性的顏色及適合的職業

小鴨色（深青綠色）與白色的相合性佳。適合的職業是公司經營者、編輯等。

◆今天出生的名人

羊子喬、史貝克、奧黛麗赫本、藍迪崔維斯、赫胥黎、田中角榮。

5月5日 水色

◆人格特色及生活方式

能夠將理念成形的藝術家。奔放的表現力、洞察力、主角。

能夠自由奔放的表現自己的心情，具有優越的洞察力。總是扮演主角的角色，容易被文學、音樂等藝術所刺激，是能夠將理念化為形式的藝術家。

◆相合性的顏色及適合的職業

相合性佳的顏色是暖色系的顏色。適合的職業是畫家、指揮家及鋼琴演奏者等音樂家。

◆今天出生的名人

普費茲納、施啟揚、馬克思、畢佛、泰隆鮑華、森川美穗。

5月6日 勿忘草藍

◆人格特色及生活方式

充滿女性化，能夠發揮才能的才女。直覺力、溫柔、構想。

內心深處充滿女性化，具有優秀的直覺力。能夠跨足的領域從藝術的世界一直到企業的經營領域。陸續出現新的構想、畫像、形狀，總是能夠創造出「新的東西」。是非常溫柔的才女。

◆相合性的顏色及適合的職業

勿忘草藍（forget-me-not blue：勿忘草花的顏色）與有色系的中間色調相合性佳。適合的職業是舞蹈家、企業的產品開發等。

◆今天出生的名人

佛洛依德、皮里、范倫鐵諾、奧森威爾斯、羅伯斯比、林海峰。

5月7日 群青色

◆人格特色及生活方式

能夠了解自己的長處，沉浸在讚美掌聲中的聖母瑪莉亞。深思熟慮、規律端正、平穩。

深思熟慮、規律端正，往往能沉浸在他人的掌聲中。也充分的了解自己的優缺點，使自己的內心能更寬廣、更平穩的達成夢想。

◆相合性的顏色及適合的職業

群青色（略帶紫色的青色）與暖色系的明色相合性佳。適合的職業是聲樂家、作曲家等與音樂有關的工作。

◆今天出生的名人

向陽、阿特曼、賈利古柏、柴可夫斯基、布拉姆斯、萩本欽一。

5月8日 千年綠

◆人格特色及生活方式

能夠整理自己的想法之後再發言的慎重派。謹慎、忍耐、謙遜。

內心堅強，不會隨便亂說話。謙遜、謹慎，非常有耐力。對人親切，說話小心。是會反觀自己的體驗，在不了解整體狀況之前，絕對不會隨便發言的慎重派。

◆相合性的顏色及適合的職業

千年綠（如松樹等常綠樹的暗綠色）與暖色系的中間色調相合性佳。適合的職業是漫畫家、運動教練等。

◆今天出生的名人

漢默斯坦、斯奈德、恰克戈、甘蒂絲柏根、羅塞里尼、曙。

5月9日 孔雀綠色

◆人格特色及生活方式

非常熱情，絕對不會勉強自己的行動派。調和與均衡、單純、專心的行動。

只要掌握了事物的核心，就會展現熱情的行動。但是絕對不會勉強自己，會藉由單純的自發性來完成工作。

◆相合性的顏色及適合的職業

孔雀綠色（parakeet green：如孔雀羽毛般鮮豔的綠色）與暖色系的中間色調相合性佳。適合的職業是料理研究家、經營顧問等。

◆今天出生的名人

華勒士、巴利、約翰布朗、葛蘭達傑克遜、朱佩蘭。

5月10日 紅黃色

◆人格特色及生活方式

愛情專一的踏實者。少女性、感傷的、寬大。

擁有少女性的一面，人格寬大，脾氣好，但是，也有感傷的時候。絕對不會讓自己陷入遊戲似的愛情中。稍微有點三心二意。

◆相合性的顏色及適合的職業

紅黃色（eggshell：帶點紅色的黃色）與暖色系的中間色調相合性佳。適合的職業是與健康有關的研究家等。

◆今天出生的名人

塞茨尼克、威爾翰、佛雷亞斯坦、山口洋子、巴比特。

5月11日 淺黃綠色

◆人格特色及生活方式

覺悟到自己也許會失敗而勇於向新事物挑戰的人。喜歡新事物、挑戰、喜歡說話。

不管是工作或興趣，都不適合通俗的一型。一開始就覺悟也許會失敗，勇於向新的領域挑戰。食量稍大、喜歡說話。

◆相合性的顏色及適合的職業

淺黃綠色（lettuce green：淺的黃綠色）與暖色系的明色相合性佳。適合的職業是相聲家或舞台的道具製作等。

◆今天出生的名人

達利、柏林、洛夫、瑪莎葛蘭姆、姜大衛、濱田雅功。

5月12日 綠黃色

◆人格特色及生活方式

誠實的人格與社交性混合的人。美食家、社交性、田園的生活。

具有高雅而誠實的人格。此外，追求美食的意向非常強，不會隨便將眼光停留在淡而無味的食物上。具有社交性，但也憧憬和平的田園生活。

◆相合性的顏色及適合的職業

綠黃色（chartreuse yellow：在西班牙，一般被稱為蕁麻酒的甜酒加水之後帶有綠色的黃色）與暖色系的明色相合性佳。適合的職業是膳食總管或是蛋糕的製作人等與飲食有關的工作。

◆今天出生的名人

南丁格爾、克利希那穆提、李爾、凱瑟琳赫本、佛瑞、渡邊徹。

5月21日 綠藍色

◆人格特色及生活方式

追求刺激、感動、向前看的人。頭腦清晰、技巧、適應能力。

感覺敏銳、頭腦清晰，擁有非常靈巧的技術。不滿足於現狀，不斷嘗試向前進。此外，也能夠解讀社會的趨勢或周圍的變化，而立刻適應環境。凡事都追求感動。

◆相合性的顏色及適合的職業

綠藍色（不強烈的綠色）與中間色調相合性佳。適合的職業是配件或美術工藝的製作者、研究家等。

◆今天出生的名人

費茲華勒、赫曼羅茲、杜瑞、林瑞陽、海默、原田貴和子。

5月22日 葉綠色

◆人格特色及生活方式

充滿無償愛情的人情家。規律的勞動者、快樂結束、均衡。

是個均衡的人，也是位勞動者。充滿愛情，受他人喜愛，最後總是能以歡笑收場。

◆相合性的顏色及適合的職業

葉綠色（spruce green：如蝦夷雲杉、樅葉般的綠色）與中間色調相合性佳。適合的職業是保母、看護、作家等。

◆今天出生的名人

渥克、瑪莉索、柯南道爾爵士、波普、歐文維爾爵士。

5月23日 深綠色

◆人格特色及生活方式

開朗、不會拒絕別人、心胸開闊的人。自然、個性、寬容。

了解自然，深愛植物。此外，個性強烈，但是內心卻非常寬廣，總是以開朗的心情來對待周圍的人，絕對不會帶給周圍晦暗的氣氛。

◆相合性的顏色及適合的職業

深綠色（bottle green：像綠玻璃瓶般的深綠色）與所有的顏色相合性佳。適合的職業是記者、外交官等。

◆今天出生的名人

瓊考琳絲、巴里爵士、紐坎伯、范朋克爵士、拉蘿佳、西川峰子。

5月24日 柏綠色

◆人格特色及生活方式

能夠集大家的信賴於一身的踏實者。調和與協助、關心、協調的角色。

是能夠在眾人的協助下完成工作的類型。很容易瞭解他人的說明，對於他人非常關心、體貼。經常聽他人說話，因此博得他人的信賴，總是擔任著協調者的角色。

◆相合性的顏色及適合的職業

柏綠色（cypress green：像柏樹般的深綠色）與有色系的中間色調相合性佳。適合的職業是爵士等大眾歌手或精神治療師等。

◆今天出生的名人

英國維多利亞女王、馬哈、澤特令、鮑伯狄倫、布洛斯基、小林聰美。

5月25日 臍橙黃

◆人格特色及生活方式

很會照顧別人、受人愛慕的人。開朗、一帆風順、運動。

個性開朗，是個很受歡迎的人。很會照顧晚輩，深受他人仰慕。以一帆風順的生活為理想，熱中於運動。一旦受到鼓勵，就會更加生龍活虎。

◆相合性的顏色及適合的職業

臍橙黃（naples yellow：從大花梔子的果實中所浸出的黃色色素，是帶點淺紅色的黃色）與寒色系的中間色調相合性佳。適合的職業是歌手、運動選手、律師等。

◆今天出生的名人

卡洛道奇、汀伯比、邁爾斯戴維斯、狄托、滕尼、江川卓。

5月26日 金盞花黃

◆人格特色及生活方式

如太陽一般充滿朝氣的健康美人。生命力、羅曼蒂克、熱情。

具有深不可測的生命力，這股能源促使自己不斷的向高難度的工作挑戰。總是像「夢中人」一般充滿羅曼蒂克，但是，在現實中會採取積極往前的姿態。是勇於向學問、藝術、運動挑戰的熱情健康美人。

◆相合性的顏色及適合的職業

金盞花黃（marigold yellow：如金盞花般帶有強烈紅色的黃色）與寒色系的中間色調相合性佳。適合的職業是畫家、插畫設計者等。

◆今天出生的名人

佩姬李、瑪麗皇后、伍道溫斯基、約翰韋恩、莎莉萊得、岩井由紀子。

5月27日 棣棠色

◆人格特色及生活方式

具有朝氣與一顆溫柔的心、熱愛自由的人。堅強、睿智、從束縛中解放。

喜歡這個顏色的人具有非常堅強的生命力，並且具有深不可測的睿智。充滿朝氣，個性有溫和的一面。任何時候都可以克服障礙，對他人扮演精神啟蒙者的角色。絕對不會被凡間的瑣事所束縛。

◆相合性的顏色及適合的職業

相合性佳的顏色是寒色系的中間色調。適合的職業是家庭裁判所的調查官或與解決少男少女問題有關的工作，以及園藝等研究家。

◆今天出生的名人

瑞秋卡森、伊莎朵拉鄧肯、季辛吉、魯奧、中曾根康弘、許信良。

5月28日 土黃色

◆人格特色及生活方式

能夠愉快的從事工作的堅強者。繼承傳統、觀察力、以興趣為工作。

喜歡這個顏色的人是非常堅強的人，有繼承傳統工藝的傾向。具有細膩的觀察力，能夠不斷的產生作品，技術也獲得好評，而且會將興趣當成是一生的工作。

◆相合性的顏色及適合的職業

土黃色（old gold：不明顯金色的土色）與寒色系相合性佳。適合的職業是傳統工藝作家、美容師等。

◆今天出生的名人

費雪狄斯考、王甘彰、懷特、本尼斯、迪屏。

5月29日 咖啡色

◆人格特色及生活方式

富於向上心，有技術的人。規律、模範、自信。

生活很規律，能夠成為他人的典範。很有自信心，能夠勇敢的面對逆境並加以克服。

◆相合性的顏色及適合的職業

咖啡色（coffee brown：帶點深黃色的棕色）與白色、黃色相合性佳。適合的職業是健康管理顧問、藥劑師等。

◆今天出生的名人

艾里屈、派屈克亨利、史賓格勒、約翰甘迺迪、鮑伯霍普、美空雲雀。

5月30日 灰櫻色

◆人格特色及生活方式

擁有優雅與洗練外型的人。羅曼蒂克、知識、體貼。

溫柔、體貼，總是追求夢想，非常羅曼蒂克。對於身邊的事情非常有興趣，是「求知慾」很強的人。外表充滿優雅與洗練，擁有令人難以想像的經驗科學的知識，有時會很清楚的表現自己的見識。

◆相合性的顏色及適合的職業

灰櫻色（淡粉紅色）與寒色系的中間色調相合性佳。適合的職業是記者等。

◆今天出生的名人

巴庫寧、塞耶、霍華赫克斯、安妮華達、梅爾布蘭。

5月31日

淡紅色

◆人格特色及生活方式

做事俐落的靈敏者。豐富的教養、崇高的理想、才華。

教養豐富、氣質高貴，被稱為才女。明知道困難重重，但還是會向崇高的理想前進，因而吸引異性。

◆相合性的顏色及適合的職業

淡紅色（帶點紫色的粉紅色）與有色系的中間色調相合性佳。適合的職業是料理研究家或教育者、插畫設計等。

◆今天出生的名人

法斯班德、華特惠特曼、克林伊斯威特、皮爾、魯奇、鈴木京香。

6月1日 淡紅紫色

◆人格特色及生活方式

具有高雅氣質的女性中的女性。女性化、自我投資、自尊心強。

非常女性化，自尊心強，高雅。非常注意小細節，很少做錯事情。穿著得體、美麗，會積極的自我投資。

◆相合性的顏色及適合的職業

淡紅紫色（pale crocus：像番紅花一般淡淡的紅紫色）與有色系的明色相合性佳。適合的職業是企業家、流行模特兒等。

◆今天出生的名人

瑪麗蓮夢露、馬克庫洛、劉若英、梅斯菲爾得、摩根費里曼。

6月2日 菫色

◆人格特色及生活方式

絕對不會阿諛諂媚的高雅女性。三心二意、心情、迷人。

微凸的小腹令人感覺很好，身為女性，這一點具有無上的迷人魅力，能夠刺激男性的性衝動。不喜歡諂媚。自尊心強，但有三心二意的一面。

◆相合性的顏色及適合的職業

相合性佳的顏色是中間色調。適合的職業是運動教練或導遊等。

◆今天出生的名人

查理瓦特、強尼惠斯曼、哈代、提爾、馬文漢米許。

6月3日 深紫色

◆人格特色及生活方式

隨時保持均衡的人。悠閒、探究真理、孤軍奮鬥。

生活非常悠閒，但是，在追求知識方面卻充滿了貪慾。為了發現新的真理，寧願孤軍奮鬥。這種研究的心令周圍的人只能靜靜的在一旁守護。隨時都保持一顆均衡的心。

◆相合性的顏色及適合的職業

深紫色（pourpre：像黑紫色一般非常深的紫色）與有色系的純色相合性佳。適合的職業是插圖畫家、哲學家等。

◆今天出生的名人

雷奈、皮爾斯、約瑟芬貝克、湯尼寇蒂斯、金斯堡、唐澤壽明。

6月4日 百合綠色

◆人格特色及生活方式

希望回到孩提時代，心地純真的人。單純、豐富的才能、刺激。

保有一顆純真的心，但是自己卻沒有注意到自己天真無邪的一面。非常希望能夠回到孩提時代。才能豐富，會很多事情，經常追求刺激。

◆相合性的顏色及適合的職業

百合綠色（pale white lily：如白色百合一般淡淡的黃綠色）與寒色系的中間色調相合性佳。適合的職業是女演員、藥劑師等。

◆今天出生的名人

瑪麗娜、喬治三世、布魯斯鄧、芭托莉、胡瓜。

6月5日 淡黃綠色

◆人格特色及生活方式

能夠快樂享受規律生活的人。規則的生活、踏實的工作、順應逆境。

能夠在規則、端正、踏實、有規律的生活中享受樂趣。即使是面對激烈多變的環境，也能夠穩如泰山。工作腳踏實地，得到大多數人的信賴。

◆相合性的顏色及適合的職業

淡黃綠色（pale fresh green：淡淡的黃綠色）與中間色調相合性佳。適合的職業是烹飪、工藝等專業人員或秘書等。

◆今天出生的名人

但丁、阿格利希、李察遜、凱因斯、亞當、中嶋朋子。

6月6日 綠黃色

◆人格特色及生活方式

重視人際關係，有平穩心的人。人道主義、服務精神、洞察力。

穩健，服務精神旺盛，非常重視人際關係。雖然會為他人的輕率而煩惱，但是，絕對會貫徹自己的目標。擁有善良的心，是人道主義者，也具有優秀的科學洞察力。

◆相合性的顏色及適合的職業

綠黃色（melon yellow：帶有模糊綠色的黃色）與暖色系的明色相合性佳。適合的職業是古典藝能的繼承者或科學家等。

◆今天出生的名人

湯瑪斯曼、愛德曼、懷特妻、海爾、普希金。

6月7日 榆綠色

◆人格特色及生活方式

擅長交際的國際派。清廉潔白、強韌的精神力、和藹可親。

清廉潔白，具有非常強韌的精神力與高度的工作熱情，獲得好評。能夠寬大的接受別人的見解或行為，沒有鬥爭之心，和藹可親，同時也具有知性。

◆相合性的顏色及適合的職業

榆綠色（elm green：榆樹般的綠色）與中間色調相合性佳。適合的職業是撰稿員或是經營小本生意。

◆今天出生的名人

潔西卡譚蒂、高更、張雨生、林強、王子、高怡平。

6月8日 橄欖色

◆人格特色及生活方式

能夠寬大的接受他人的見解或行為的人。愛情、均衡、語言能力。

凡事都能維持平衡的工作者。擅於言辭、充滿誠意與愛情，不會與常人背道而馳。喜歡玩弄樂器，富於節奏感。聽音能力優秀，能夠從事作曲。此外，也因為語學的能力而活躍在世界上。

◆相合性的顏色及適合的職業

橄欖色（olive drab：淡淡的橄欖色）與中間色調相合性佳。適合的職業是鋼琴演奏家或通譯等。

◆今天出生的名人

萊特、舒曼、芭芭拉布希、尤爾西娜、李居明、森尾由美。

6月9日 乳白色

◆人格特色及生活方式

美麗的容姿受到眾人的注目，是品格良好的人。講究外表、洗練、品格。

品格良好，也非常講究外表，是個踏實的人，因此，獲得他人的注目。尤其喜歡幾何學的模樣。能夠巧妙穿出明色的色調，是屬於能夠使用洗練言辭的類型。

◆相合性的顏色及適合的職業

乳白色（creme：像奶油一般帶點黃色的白色）與寒色系的純色相合性佳。適合的職業是作詞、作曲、演唱者，或是珠寶設計者等。

◆今天出生的名人

米高福克斯、安德森、強尼戴普、藥師丸博子、德拉菲爾德。

6月10日 檸檬色

◆人格特色及生活方式

個性開朗，能使周圍的人充滿朝氣的自信家。開朗、現實、經營力。

像太陽一般的個性，能夠使周圍的人充滿朝氣，在公私方面都充滿了自信心。此外，會站在現實的角度來思考事情，經營手腕一級棒。

◆相合性的顏色及適合的職業

相合性佳的顏色是寒色系的純色。適合的職業是歌手或會計師等。

◆今天出生的名人

麥斯威爾、莫里斯桑達克、麥克丹尼爾、茱蒂迦倫、林洋港。

6月11日 黃水仙

◆人格特色及生活方式

總是站在最前線，熱中於研究的熱情家。學問、研究開發、企劃力。

對於追求學問充滿熱情，能夠發現主題，呈現出良好的企劃案，能夠負責最尖端領域的研究開發。此外，也非常重視家庭與工作。

◆相合性的顏色及適合的職業

與寒色系相合性佳。適合的職業是工藝作家或學術團體的研究員等。

◆今天出生的名人

喬蒙塔納、庫斯多、米高卡柯揚尼斯、史都華、康士坦堡。

6月12日 番紅花黃

◆人格特色及生活方式

能夠享受美食又能自我控制的人。體力、整齊的容姿、講究外表。

對於自己的體力深具自信，很少看醫生，是個飲食通。對於運動也非常在行。對於自己的外表、容姿非常執著，講究的外表深受好評。

◆相合性的顏色及適合的職業

番紅花黃（saffron yellow：像番紅花一般明亮的黃色）與寒色系相合性佳。適合的職業是舞蹈家、運動選手等。

◆今天出生的名人

安妮法蘭克、老布希、席勒、沙克曼、許博允、松井秀喜。

6月13日 向日葵色

◆人格特色及生活方式

內心充滿希望與開朗的人。喜歡說話、健康的生活、向上心。

非常開朗，是零缺點的人。喜歡說話、幽默、能夠度過健康的生活。此外，也喜歡都會性的服裝，內心經常燃燒著希望，希望能從現在的困境中脫困。擁有向上心，不斷的追求變化。

◆相合性的顏色及適合的職業

向日葵色（帶點紅色的黃色）與寒色系相合性佳。適合的職業是編輯者、藥劑師等。

◆今天出生的名人

克里斯多、伊麗莎白舒曼、葉慈、葛瑞基、羅斯本、森口博子。

6月14日 象牙色

◆人格特色及生活方式

能夠站在中間立場、非常謹慎的人。信賴、誠實、保守性。

雖具有保守的、情緒化的一面，但是非常正直，頗得他人的信賴。對於被賦予的工作或義務會不辭辛勞的完成，凡事都能站在中間立場，是非常謹慎的人。這種徹底的誠實與公正的姿態，是其長處所在。

◆相合性的顏色及適合的職業

象牙色（ivory）與暖色系與白色相合性佳。適合的職業是播音員，以及三味線的彈奏者等。

◆今天出生的名人

葛拉芙、布克懷特、海登、喬治男孩、格瓦拉、川端康成、馬世莉。

6月15日 亮杏子色

◆人格特色及生活方式

做事徹底、誠實的人。忍耐力強、突飛猛進、好奇心。

雖然對於未來有不確定感，但是，忍耐力強，誠實，有時會突飛猛進。想要了解，想要知道的慾望非常強，經常在想「怎麼了」，接下來所展現的行動會令人感到非常吃驚。

◆相合性的顏色及適合的職業

亮杏子色（light apricot）與寒色系的中間色調相合性佳。適合的職業是美術館的學藝員或圖書館員等。

◆今天出生的名人

葛利格、班奈特、加納、荷蘭德、姚嘉文、岩崎良美。

6月16日 土黃色

◆人格特色及生活方式

努力達成目標的孜孜不倦型。評價、刻苦耐勞、忍耐力強。

雖然無法期待飛躍性的大發展，但是孜孜不倦，只要能夠堅持到底，一定會得到極高的評價。歌德曾說：「永遠不要失去目標，只要持續努力，最後必定會得救。」

◆相合性的顏色及適合的職業

土黃色（帶點淺黃色的棕色）與寒色系相合性佳。適合的職業是舞蹈家、棋士等。

◆今天出生的名人

葛雷夫尼、亞當史密斯、勞萊、杜蘭、麥克琳托克。

6月17日 舊玫瑰色

◆人格特色及生活方式

累積經驗，擁有知識與技術的受人注目者。專家、感情安定、工作就是興趣。

藉由長年的經驗體驗高度的熟練感，在職場中被稱為專家。感情安定，能夠培養後進，成為後進強而有力的支持。說、聽、讀、寫這四種技能極佳，外語能力也非常強。工作就是他的興趣。

◆相合性的顏色及適合的職業

舊玫瑰色（old rose：朦朧的玫瑰色）與深棕色的相合性佳。適合的職業是翻譯家、通譯等。

◆今天出生的名人

詹姆斯布朗、史特拉汶斯基、杜魯沙迪、莫克西、布魯克斯、城彰二。

6月18日 紅木茶色

◆人格特色及生活方式

充滿幽默感的踏實派。自信、沉著、自然的生活。

充滿自信、沉著，擁有超群的幽默感，過著非常踏實的生活。熱愛自然，對於充滿自然的生活感到無上的喜悅。

◆相合性的顏色及適合的職業

紅木茶色（mahogany brown：像紅木一般的茶色）與有色系的中間色調相合性佳。適合的職業是營業員、盆栽專家等。

◆今天出生的名人

保羅麥卡尼、達拉第、布洛克、依莎貝拉羅塞里尼、赫胥貝奇、細川直美。

6月19日 雞蛋色

◆人格特色及生活方式

喜歡運動，能夠全力以赴的上進者。運動、健康、組織。

喜歡運動，無法忘記運動後的爽快舒暢感。雖然追求口腹之慾，但是，會做好健康管理。此外，在組織動員方面也很拿手。

◆相合性的顏色及適合的職業

與寒色系的中間色調相合性佳。適合的職業是評論家、登山家等。

◆今天出生的名人

魯西迪、蓋瑞格、黃建業、翁山蘇姬、辛普森夫人、瓦特、太宰治。

6月20日 暖黃色

◆人格特色及生活方式

行動力強的模範生。社交性、友人、能量。

重視社交性，也重視朋友。此外，也經常展現行動，會以最大的能量克服逆境。喜歡充滿節奏感的韻律，具有深不可測的潛力。

◆相合性的顏色及適合的職業

暖黃色（sunlight yellow：像太陽光般暖暖的黃色）與寒色系相合性佳。適合的職業是工藝作家、電視節目製作人等。

◆今天出生的名人

陳履安、史威特斯、奧琳匹雅杜凱吉斯、萊諾理奇、埃洛弗林。

6月21日 金茶色

◆人格特色及生活方式

執著於料理道具的美食家。藝術、運動、美食家。

喜歡靜物畫、喜歡藝術，運動方面也是屬於萬能的類型。從食材到道具都非常執著，可說是一位美食專家。喜歡不會束縛身體的服裝。

◆相合性的顏色及適合的職業

金茶色（帶點棕色的金黃色）與白色相合性佳。適合的職業是料理或點心的研究家、染色家等。

◆今天出生的名人

沙特、休特、威廉王子、莎岡、布托、松本伊代。

6月22日 紅棕色

◆人格特色及生活方式

喜歡與人交往，精力旺盛的人。能量、忘我的境地、喜歡說話。

充滿強而有力的能量，一旦投入在工作中，就會處於忘我的境地，會一直做到精疲力盡為止。喜歡與人交往，是個精力旺盛的人。對他人非常好，喜歡說話。

◆相合性的顏色及適合的職業

紅棕色（garnet brown：像石榴石一般帶點深紅色的棕色）與深棕色相合性佳。適合的職業是企劃者、歌手等。

◆今天出生的名人

梅莉史翠普、周星馳、米克陶德、比利懷德、雷馬克、阿部寬。

6月23日 茶蝦色

◆人格特色及生活方式

能夠藉由經驗而成為成熟、心胸寬大的人。希望、向上心、指導力。

面對逆境越挫越勇，充滿熱情，經常擁有向上心。能夠從自己的人生經驗中學習到寬容，所以能夠得到他人的信賴，也從中培養出指導才能。

◆相合性的顏色及適合的職業

茶蝦色（像明蝦一樣，帶點深紅色的棕色）與中間色調相合性佳。適合的職業是通譯、檢察官、法官等。

◆今天出生的名人

溫莎公爵、普馬達撒、任賢齊、金賽、包伯福西、南野陽子。

6月24日 淡紫色

◆人格特色及生活方式

像仙女一般充滿氣質的人。微笑、溫柔、永遠的女性。

面帶微笑、溫柔，是很有氣質的人。在任何一方面像如仙女般的美麗，充滿了「永遠的女性」的氣質。

◆相合性的顏色及適合的職業

淡紫色（light orchid pink：如蘭花般淡淡的紫色）與白色相合性佳。適合的職業是醫生或爵士、鄉村歌曲的歌手等。

◆今天出生的名人

泰瑞萊利、方吉歐、克勞德塞布洛、魯賓斯坦、霍伊爾、安姆布朗斯。

6月25日 粉紫色

◆人格特色及生活方式

外表優雅，能夠掌握他人內心的謹慎的人。勇氣、優雅、安詳。

容貌整齊、肅然，喜歡與人接觸，能夠安慰對方，給對方勇氣。熱心於研究，但不會以自己的功績自傲，是個謹慎的人。言行也非常優雅，具有耐力，能夠掌握他人的心。

◆相合性的顏色及適合的職業

粉紫色（pale cherry pink：帶點紫色的粉紅色）與白色相合性佳。適合的職業是企劃人員或室內設計等。

◆今天出生的名人

凡特里、比斯特列特、喬治歐威爾、薛尼盧梅、高第。

6月26日 康乃馨粉紅

◆人格特色及生活方式

因為好意而不會寂寞的永遠的戀人。和藹可親、崇高、理論性。

喜歡與人交往，懷有善意，但有時也會給人崇高、不拘小節的印象。在愛情中是屬於充滿理論性的類型。對於周圍的人非常親切，就如同「永遠的戀人」般的存在。

◆相合性的顏色及適合的職業

康乃馨粉紅（carnation pink）與白色相合性佳。適合的職業是語學教師或作家、卡通影片繪製者等。

◆今天出生的名人

梅塞施米特、札哈里雅絲、阿巴多、賽珍珠、威爾森。

6月27日 玫瑰粉紅

◆人格特色及生活方式

能夠激勵周圍的人，給別人機會的熱情家。激烈的個性、外向性、希望。

具有激烈的個性，是屬於社交性、外向性的人。能夠傾注全力於企劃對社會有意義的工作，能夠激勵周圍的人，可以給對方好的機會，創造充滿希望的生活。

◆相合性的顏色及適合的職業

玫瑰粉紅（rose pink）與白色相合性佳。適合的職業是作家、國際慈善團體的職員等。

◆今天出生的名人

莫斯科尼、崔普、海倫凱勒、艾瑪郭德曼、梁朝偉。

6月28日 辣椒紅

◆人格特色及生活方式

氣質高雅、受人愛慕的才能之士。能量、澄澈的心、友人。

具有外向性，能夠燃燒自己的能量從事工作。內心澄澈、氣質優雅，不會懷疑別人，因此，能夠獲得許多友誼。

◆相合性的顏色及適合的職業

辣椒紅（pepper red：像辣椒一般強烈的紅色）與白色、灰色、黑色相合性佳。適合的職業是播音員或幕後的配音人員、布料圖案設計師等。

◆今天出生的名人

盧梭、卡瑞爾、塞利巴達奇、雷娜、亨利八世。

6月29日 淡藍色

◆人格特色及生活方式

對於他人的需要非常敏感，能夠誠實應對的人。和平的心、穩靜、思慮深沉。

具有一顆和平的心，是非常穩靜的人。工作大膽，對於他人的需要非常敏感，因此，能夠獲得他人的尊敬以及支持。深思熟慮，是屬於誠實的類型，在他人需要時也能助一臂之力。

◆相合性的顏色及適合的職業

淡藍色（baby blue：淡淡的藍色）與白色相合性佳。適合的職業是評論家或中小學的教師、消防人員等。

◆今天出生的名人

戈索爾斯、王渝文、卡邁克爾、法樂西、泰特拉齊妮、福嶋晃子。

6月30日 淡群青色（淡佛頭青）

◆人格特色及生活方式

具有像是要吞下周圍一般的魅力的人。個性、理想、向上心。

具有個性的魅力，使周圍的人感到驚訝。能夠側耳傾聽旁人說話，並且被吸引。能踏實的說出自己的目的或主題，一旦達到目標之後，就會往更高的理想邁進。

◆相合性的顏色及適合的職業

與白色相合性佳。適合的職業是園藝業者、染色家、插畫者等。

◆今天出生的名人

蓮娜荷恩、泰森、李奇、葛蘭姆、林鳳嬌。

7月1日 鴨藍色

◆人格特色及生活方式

認為地球是一個生命體的生態學者。和平、幻想、環境問題。

能夠看見所作所為的非現實性。非常重視地球，不斷思考和平、環境等問題。不會執著於物質、金錢方面的問題，是從現實往幻想追求夢想的類型。

◆相合性的顏色及適合的職業

鴨藍色（duck blue：如鴨毛般帶有強烈綠色的藍色）與白色相合性佳。適合的職業是心理學者或環境設計者等。

◆今天出生的名人

黛安娜王妃、薛尼波拉克、劉易士、喬治桑、威廉惠勒。

7月2日 鈷藍色

◆人格特色及生活方式

感性豐富、洗練的都會派。手藝非常好、注重外表的裝扮、纖細。

具有豐富的感性，工作或手藝非常好。不過，也具有令人難以捉摸、纖細的一面。重視自己的外表，會刻意整理自己的頭髮，穿著適合自己的服裝，打扮得洗練的類型。想法鮮明，和他交談、議論，會漸漸提高自己的程度。

◆相合性的顏色及適合的職業

鈷藍色（cobalt blue）與白色相合性佳。適合的職業是陶藝家、藝術家、詩人等。

◆今天出生的名人

沃克斯曼、潔芮霍爾、貝帝、克洛普史托克、伊美黛馬可仕、淺丘琉璃子。

7月3日 墨水藍

◆人格特色及生活方式

具備令他人羨慕的自信心的自戀者。氣質、安定感、自信。

對於任何事情都不會輕易動搖，堅持安定的姿態。這種自信讓他人非常羨慕。非常在意服裝，一定要穿著自己認為美麗、合適的服裝，充分展現自己的氣質，具有自戀的傾向。

◆相合性的顏色及適合的職業

墨水藍（ink blue）與白色相合性佳。適合的職業是畫家、空服人員等。

◆今天出生的名人

湯姆克魯斯、吳倩蓮、卡夫卡、史托帕特、提姆波頓、岡村隆史。

7月4日 水色

◆人格特色及生活方式

能夠巧妙掌握心理狀態的人。穩重、崇高、自我發展。

在情緒方面，非常穩重、成熟，能夠控制自己的感情。以河川來比喻，則可以說是流水潺潺和激流並存的狀態。控制心理狀態的工夫可說是天下第一。憧憬崇高、嚮往神佛，努力藉由信仰來提升自己。

◆相合性的顏色及適合的職業

水色（aqua）與暖色系的明色相合性佳。適合的職業是舞蹈家、宗教家等。

◆今天出生的名人

加里波的、拜爾德、佛斯特、科維克、巴戈。

7月5日 柔綠藍色

◆人格特色及生活方式

充滿愛情、具有寧靜氣質的人。感性、自由、隱藏著熱情。

具有豐富的感性以及愛情。表面上言行穩重，事實上內心卻隱藏著豐富的熱情。內在安詳，擁有自由的價值感，能夠對事物做出正確的判斷。

◆相合性的顏色及適合的職業

柔綠藍色（pale sax blue：帶有柔和綠色的藍色）與白色相合性佳。適合的職業是造型設計師或圖案設計師等。

◆今天出生的名人

容考克圖、巴納姆、羅德斯、龐畢度、蘭朵夫絲卡、杉山愛。

7月6日 綠松石色

◆人格特色及生活方式

保持向前的姿態，在工作或生活上都非常愉快的人。判斷狀況、意識決定力、信念。

具有敏銳的洞察力、理解力以及直覺力。不會輕易的興奮，也不會被變化所迷惑。能夠愉快的享受生活，並且隨時保持向前的姿態。能夠集中精神在工作上，並且能正確的判斷狀況後再做決定。

◆相合性的顏色及適合的職業

綠松石色（帶有綠松石藍色的顏色）與暖色系的中間色調相合性佳。適合的職業是女演員、運動選手等。

◆今天出生的名人

芙麗達卡蘿、康拉德尼基希爾頓、席維斯史特龍、林志炫、林佳儀、霍斯特。

7月7日 綠藍色

◆人格特色及生活方式

聞一知十、多才多藝、具有魅力的人。聰明、大成就、機會。

絕對不懶惰，能專心於達成目標，是追求名利的人，能夠一次做許多事情。做任何事情都是「聞一知十」，是屬於聰明、多才多藝的類型，具有無上的魅力。對自己的期望很高，一旦機會降臨，就會好好掌握住。

◆相合性的顏色及適合的職業

綠藍色（bleu canard：如鴨毛般帶有綠色的藍色）與寒色系的中間色調相合性佳。適合的職業是畫家、指揮家等。

◆今天出生的名人

維多里奧狄西嘉、皮爾卡登、馬勒、夏卡爾、林哥史塔、堤真一。

7月8日 深綠藍色

◆人格特色及生活方式

努力追求真理的熱情家。多才多藝、努力、沉著。

雖然是熱情家，但也有沉著的一面。言行穩重，因此，能夠獲得他人的信賴。專心於研究開發，不達目的決不罷休。被稱為是多才多藝的人，但這也是他平常努力的結果。

◆相合性的顏色及適合的職業

深綠藍色（marine blue：帶點深綠色的藍色）與有色系的中間色調相合性佳。適合的職業是播音員、學者等。

◆今天出生的名人

葛人傑、約翰洛克菲勒、凱文貝肯、安潔莉卡休斯頓、齊柏林、陳小春。

7月9日 珍珠白

◆人格特色及生活方式

喜歡受他人依賴的聖潔人物。秘密、孤獨、正義感。

好像有什麼神秘的地方，在孤獨感中努力的領悟。喜歡被他人依賴，是充滿正義感的聖潔人物。

◆相合性的顏色及適合的職業

珍珠白（pearl white：如珍珠般，帶點灰色的白色）與有色系的明色相合性佳。適合的職業是舞蹈家、哲學家等。

◆今天出生的名人

湯姆漢克、哈維、O．J．辛普森、芭芭拉卡特蘭、雷史畢基、草彅剛。

7月10日 淡藍色

◆人格特色及生活方式

象徵女性美的人。溫柔、甜美、謙虛。

謹言慎行，具有一顆溫柔的心。充滿甜美的氣氛，因此受人愛慕，留下令人難忘的印象。她是個會令人聯想到海涅的話——「美麗的五月，當花苞綻放時，我的心中充滿了愛的遐想」的佳人。

◆相合性的顏色及適合的職業

淡藍色（pale pastel blue：淡淡的天空色）與黃色相合性佳。適合的職業是攝影家、校正者等。

◆今天出生的名人

惠斯勒、張學友、秦漢、普魯斯特、畢沙羅。

7月11日 薰衣草藍

◆人格特色及生活方式

能夠令人著迷、具有魅力的人。禮儀、審美眼光、色彩感。

是個禮儀端正的人，能夠吸引他人的目光，具有魅力，但是絕對不深入。以敏銳的審美眼光來觀賞藝術品，追求崇高的藝術。內心總是非常澄澈，精神非常高昂，卓越的感性培養出色彩感。

◆相合性的顏色及適合的職業

薰衣草藍（lavender blue）與暖色系的中間色調相合性佳。適合的職業是歌手或染色家等。

◆今天出生的名人

尤伯連納、約翰昆西亞當斯、沃茲尼克、惠特拉姆、費玉清。

7月12日 深藍色

◆人格特色及生活方式

能夠追求真理、帶領他人的領導者。教養、高尚、幸福的未來。

教育良好，具有高尚的人品。此外，也是個精通才藝、教養豐富的淑女。累積智慧、探究真理，是能夠指導他人的指導者。總是閃耀著美麗的光輝，也許這就保證了她幸福的未來。能夠獲得許多人的尊敬，留下豐功偉業。

◆相合性的顏色及適合的職業

深藍色（majolica blue：非常濃的藍色）與暖色系的中間色調相合性佳。適合的職業是聲樂家、法官等。

◆今天出生的名人

莫迪里亞尼、比爾寇斯比、漢默斯坦二世、凱撒、梭羅、渡邊美里。

7月13日 藏青色

◆人格特色及生活方式

不會忽略不幸的人的慈悲人士。自尊心、奉公無私、直覺力。

擁有自尊心，重視名譽。此外，也很重感情，寧願犧牲自己來服務他人。具有敏銳的直覺力，因此，能夠成就許多事業。

◆相合性的顏色及適合的職業

與白色相合性佳。適合的職業是美容師、護士等。

◆今天出生的名人

哈里遜福特、弗拉納根神父、中森明菜、巴別爾、馬勒、郝柏村。

7月14日 深粉紅色

◆人格特色及生活方式

向前看，在工作或生活上都是充滿愉快的人。感性、真心、溫柔。

感性敏銳，能夠在許多領域中嶄露頭角，獲得他人的掌聲。埋首於與音樂等藝術、流行有關的工作中。總是以一顆溫柔的真心對待他人，並且經常保持往前看的姿態。不論是工作或生活，都能充分的享受愉快。

◆相合性的顏色及適合的職業

深粉紅色（deep baby pink：略深的嫩粉紅色）與黃色相合性佳。適合的職業是流行設計師、造型設計師等。

◆今天出生的名人

馬薩林、克林姆、柏格曼、古斯瑞、史達爾夫人。

7月15日 淡紫色

◆人格特色及生活方式

容易被可愛的東西吸引的優美的人。纖細、暗示、謹慎。

是個纖細的人，容易被可愛的東西吸引。同時也有謹慎的一面，因此，與人接觸更能增加魅力。另外，也具有容易接受暗示的傾向，需要特別注意。

◆相合性的顏色及適合的職業

淡紫色（pale mauvette：淡淡的亮紫色）與白色相合性佳。適合的職業是畫家、建築師等。

◆今天出生的名人

聖卡布瑞妮修女、莫多克、林布蘭、琳達朗斯達特、菲爾德。

7月16日 淡藍色

◆人格特色及生活方式

嚮往自由奔放的生活的人。舞蹈與音樂、自由、個性。

具有優秀的舞蹈與音樂的才能。討厭被束縛，渴望自由的生活。認為現實與幻想不互相違背。能夠順應社會的生活。追求自由，總是希望自己和別人不一樣。

◆相合性的顏色及適合的職業

淡藍色（fountain blue：如噴水般淡淡的天空色）與白色相合性佳。適合的職業是舞蹈家、音樂演奏者等。

◆今天出生的名人

琴姐羅傑斯、沙托、平查斯祖克曼、亞孟森、楊惠珊、松本隆。

7月17日 鼠尾草藍

◆人格特色及生活方式

能夠尋找真理之道的女性。經營力、洗練、機智。

具有洗練的容姿，能散發官能性的魅力。富於機智，在工作上得心應手，熱中於學習才藝，精通茶道、花藝等。

◆相合性的顏色及適合的職業

鼠尾草藍（salvia blue：像鼠尾草般的藍色）與白色相合性佳。適合的職業是模特兒、秘書等。

◆今天出生的名人

唐納蘇德蘭、詹姆斯卡格尼、托衛爵士、王家衛、李麗華、陳純甄、德川家光。

7月18日 深紫藍色

◆人格特色及生活方式

具有幫助他人成功的才能。知性、神秘性、隱隱約約的香味。

能夠以敏銳的知性解除難題，樂於助人，具有深不可測的魅力。能夠引導他人走向成功之道，同時也具有隱隱約約的香味，令他人感到魅力十足。

◆相合性的顏色及適合的職業

深紫藍色（royal purple：英國皇室般的紫色）與白色相合性佳。適合的職業是警官、飛行員等。

◆今天出生的名人

薩克雷、皮爾葛林姆、曼德拉、狄克巴頓、吉斯林、廣末涼子。

7月19日 深粉紅色

◆人格特色及生活方式

謹慎，擁有不變的愛的人。纖細、使人快樂、溫柔。

充滿愛心，有時臉頰會發紅，個性謹慎，有如少女般的纖細。在乎他人的快樂更甚於自己的快樂。在男性的眼中，她是不可缺少的存在。旁人能夠從她身上感到溫柔，能夠在她身上發現「更高貴的東西」。

◆相合性的顏色及適合的職業

深粉紅色（deep shell pink：如櫻貝一般略深的粉紅色）與白色相合性佳。適合的職業是營養師、點心製作人等。

◆今天出生的名人

德可度、李宗盛、馬庫斯、得加斯、克朗寧、近藤真彥。

7月20日 小麥色

◆人格特色及生活方式

非常優美，如仙女般的女性。體貼、幻想、感受性。

愛情非常深，具有溫柔的微笑與體貼，令人陶醉。喜歡小孩與動物。此外，也喜歡追求光與影的遊戲，動動彩繪筆，就能夠將美麗的幻想描繪下來。是感受性非常敏銳的優美女性。

◆相合性的顏色及適合的職業

與白色相合性佳。適合的職業是畫家或動物美容師等。

◆今天出生的名人

李卜曼、哈默、卡洛斯桑塔納、希拉里爵士、羅大佑、松坂慶子。

7月21日 哈瓦納玫瑰

◆人格特色及生活方式

非常美麗、禮儀端正的人。深不可測、躍動、母愛。

具有喚醒他人喜悅的力量。也有感傷性，像蠟燭般自我犧牲的一面。行動非常活躍，充滿母愛，是非常有深度的人。端正的行為以及美麗的容姿，渾然一體吸引他人的注意。

◆相合性的顏色及適合的職業

哈瓦納玫瑰（havana rose：像哈瓦納（古巴的首都）產的煙草捲的茶色的玫瑰）與白色相合性佳。適合的職業是記者、畫商等。

◆今天出生的名人

羅賓威廉斯、路透伯爵、海明威、史坦、卡爾萊茨。

7月22日 胭脂色

◆人格特色及生活方式

能夠自覺自己的力量提升的人。支持、向上心、彈性的思考。

雖然能夠獲得眾人的支持，但是能夠充分了解自己的能力，絕對不會依賴他人，會靠自己的力量往上爬。此外，也不會侷限於一種思考，因而琢磨出感性。能夠很快的從現代的繁雜與次序中體會出節奏感，並且設定新的理念。因為這種彈性的思考，故能夠順應世界的變化。

◆相合性的顏色及適合的職業

胭脂色（帶點深紫色的紅色）與黃色相合性佳。適合的職業是演唱者、編輯者等。

◆今天出生的名人

史帝文生、蘿絲甘迺迪、史拉德、張艾嘉、亞歷山大大帝、富比士、原辰德。

7月23日 磚紅色

◆人格特色及生活方式

擁有世界性視野的穩健派。嚴格、可能性、積極性。

擁有穩健的人格，在工作方面自我要求嚴格，是個性積極的人。即使是令他人退縮、躊躇不前的工作，她也能夠完美的達成。面對新的課題，她也有辦法完成。擁有世界性的視野，具有無限的可能性。

◆相合性的顏色及適合的職業

磚紅色與白色相合性佳。適合的職業是駕駛或校正者等。

◆今天出生的名人

費茲西蒙斯、愛彌爾詹尼士、塞拉西、磯崎荒戶、伍思凱、二宮尊德。

7月24日 淺桃色

◆人格特色及生活方式

不做作，因香氣而使人陶醉的美女。微笑、知識、素質。

是擁有黑色瞳孔、纖細體型的美女。總是將微笑掛在臉上，氣質極佳。擁有豐富的知識。不論身為妻子或母親，都能夠扮演好自己的角色。喜歡整潔、簡單的服裝，給人俐落的印象。

◆相合性的顏色及適合的職業

淺桃色（cupid pink：如淺桃色般的粉紅色）與白色相合性佳。適合的職業是作家、撰稿員等。

◆今天出生的名人

大仲馬、潔兒達費滋傑羅、馬龍、琦君、愛爾哈特。

7月25日 荷花粉紅

◆人格特色及生活方式

有氣質、有精神的人。永久不變的理念、明亮、獻身與抵抗。

擁有均勻的體態以及明亮的面孔。是充滿氣質、有精神的人。對於人情淡薄的現代有抵抗感，被永久不變的理念所吸引。女性的本質就是屬於獻身的，這種形式也可以說是一種抵抗。

◆相合性的顏色及適合的職業

荷花粉紅（lotus pink）與白色相合性佳。適合的職業是鋼琴演奏者、詩人等。

◆今天出生的名人

華特培頓、蓋帝、泰伊、湯瑪斯艾金斯、魯伊斯。

7月26日 茜深紅色

◆人格特色及生活方式

能夠以響亮的言詞感動人心的熱情家。敬愛、優雅、幽默。

令人敬愛、氣質優雅以及幽默的熱情家，是個魅力十足的人。微笑時常掛在臉上。不論言詞或行動，都能夠打動人心，意外的，能夠發揮潛藏在內心深處的力量。托爾斯泰說藝術並不是一種技藝，藝術家只不過是傳達自己體驗的感情罷了。

◆相合性的顏色及適合的職業

茜深紅色（rose madder：以茜草為染料染成帶點紫色的紅色）與白色相合性佳。適合的職業是編劇、播音員等。

◆今天出生的名人

蕭伯納、庫柏利克、愛德華斯、容格、童安格、萩原健一。

7月27日 深紅色

◆人格特色及生活方式

少女的心與女性的成熟共存的感情豐富的人。經驗、才能、行動力。

具有豐富的經驗以及偉大的行動力。在工作方面能夠發揮非凡的才能。此外，羅曼蒂克的少女的心與官能的女性化同時存在，散發出嬌豔之美。

◆相合性的顏色及適合的職業

深紅色(crimson·帶點深紫色的紅色)與白色相合性佳。適合的職業是作家或與社會福利有關的工作等。

◆今天出生的名人

恩納爾斯、雷諾茲爵士、杜南伊、元彪、維多。

7月28日 黑柿色

◆人格特色及生活方式

擁有高雅的理想以及洗練精神的熱情家。幽默、純樸、睿智。

非常機靈，具有敏銳的一面，同時也具有純樸的一面。是個努力的熱情家，擁有崇高的理想與洗練的精神。從睿智中產生女性美，能夠吸引異性的視線。

◆相合性的顏色及適合的職業

黑柿色（帶點暗灰色的紅色）與白色相合性佳。適合的職業是企業的宣傳等。

◆今天出生的名人

賈桂琳、桑納沙羅、杜象、霍普金斯、波特、庾澄慶、桂銀淑。

7月29日 天藍色

◆人格特色及生活方式

真心夠溫柔對待他人的有氣質的人。誠實、靈感、體貼。

充滿溫柔的一面，是個誠實的人。具有濃厚的宗教意識，靈感強，對他人非常體貼。

◆相合性的顏色及適合的職業

天藍色（cerulean blue：非常明亮的藍色）與暖色系的中間色調相合性佳。適合的職業是女演員或兒童指導員等。

◆今天出生的名人

漢馬斯克德、克利斯欽、佛塞斯、錫奧多拉基斯、塔金頓、坂上香織。

7月30日 孔雀藍

◆人格特色及生活方式

了解自己、具有向上心的人。濃烈的愛情、調和、友情。

具有濃烈的愛情，是個調和的人。能夠將朋友帶往更高的精神層次，不久之後就會產生堅定的友情。非常了解自己，是個具有向上心的人。

◆相合性的顏色及適合的職業

孔雀藍（peacock blue：如孔雀的羽毛般，帶點藍綠色）與白色相合性佳。適合的職業是工藝作家、律師等。

◆今天出生的名人

史坦吉爾、愛蜜莉勃朗特、阿諾史瓦辛格、亨利福特、江淑娜。

7月31日

深藍色

◆人格特色及生活方式

雖然沒有表現於外，但內心深處非常感動的人。神秘性、冷酷的印象、明亮。

是個充滿神秘性的人，深深吸引眾人。乍看之下，是不會感情衝動的冷酷的人，但事實上，內心深處充滿感動，是個感情豐富的人。

◆相合性的顏色及適合的職業

深藍色（prussian blue·深濃的藍色）與白色相合性佳。適合的職業是造型設計師、藥劑師等。

◆今天出生的名人

古拉崗、杜布菲、李維、費德曼、維隆、張克帆、本田美奈子。

8月1日 天空色

◆人格特色及生活方式

對任何人都能誠實以對的社交性人物。社交性、忍耐、誠實。

具有社交性。對於初次見面的人，即使覺得對方有點奇怪，也會誠實以待。因為她認為別人也和自己一樣，很認真的在過生活。另外，耐性強，任何事情都能夠做得很好。

◆相合性的顏色及適合的職業

天空色(bleu ciel：如天空般的顏色)與白色的相合性最佳，其次就是深藍色。適合的職業是空中小姐或海關人員等。

◆今天出生的名人

梅爾維爾、賈安尼尼、布朗、克勞地亞斯、拉馬克、成田昭次。

8月2日 亮藍色

◆人格特色及生活方式

內向性、喜歡格式性的保守主義者。智能、責任感、速度。

具有保守性與內向性，如果和喜歡相同顏色的人在一起，心情就能夠平靜下來。智商高，責任感也很強，能夠迅速完成份內的工作。但是，也應該注意要建立非正式的人際關係。

◆相合性的顏色及適合的職業

亮藍色（pale yacht blue：明亮的藍色）與白色相合性佳。適合的職業是軟體開發及教育者等。

◆今天出生的名人

布利斯爵士、彼得奧圖、詹姆士鮑德溫、歐康納、崔健。

8月3日 亮藍色

◆人格特色及生活方式

讓人發自內心信賴的人格崇高者。嚴謹樸實、完美主義、創造人脈。

是個嚴謹、樸實的人。能夠創造人脈，交際廣闊。凡事都以調和的方式應對，忍耐力強，非常值得依賴。因為會由衷的信賴他人，故一旦被背叛時，就會受到很大的傷害。有完美主義的傾向。

◆相合性的顏色及適合的職業

亮藍色（yacht blue：明亮的藍色）與白色相合性佳，與暖色系的中間色調相合性也不錯。適合的職業是企業家、政治家、教育家等。

◆今天出生的名人

馬丁辛、尤利斯、派爾、費尼、蘭迪斯、藤田朋子、王菲。

8月4日 綠藍色

◆人格特色及生活方式

是能夠面對困難、具有強烈忍耐力的人。氣質、品格、頂點。

具有令周圍的人意想不到的強烈忍耐力，不論遇到什麼困難，都能夠心平氣和的完成工作。氣質高、品格佳，受人尊敬。能夠站在組織的頂點，發揮指導能力。

◆相合性的顏色及適合的職業

綠藍色（cyan blue：帶點綠色的藍色）與白色相合性佳。適合的職業是公司經營者或律師等。

◆今天出生的名人

雪萊、漢姆生、陳師孟、史蘭尼、華倫柏格、鈴木蘭蘭。

8月5日 琉璃色

◆人格特色及生活方式

被萬人所愛的專家。感性、直覺力、溫和。

具有豐富的感性、敏銳的直覺力以及沉靜的氣質，溫和的舉止任誰看了都會喜歡。此外，不管發生什麼問題，都能夠立刻掌握核心來解決，對於任何事情都會以專家的姿態來面對。

◆相合性的顏色及適合的職業

與白色相合性佳。適合的職業是醫生、學者、藝術家等知性方面的工作。

◆今天出生的名人

阿姆斯壯、約翰休斯頓、霍克斯、莫泊桑、吳念真。

8月6日 深藍色

◆人格特色及生活方式

體貼、具有知性的人。粗獷與高貴、決斷力、教養。

技藝非常優越。即使對方說出絕望的話，她也會以體貼的情懷來面對對方。決斷力非常優秀，同時存在著粗獷與高貴的風情。此外，也具有卓越的睿智與教養，值得尊敬。

◆相合性的顏色及適合的職業

深藍色（lapis lazuli：天然群青的琉璃色）與中間色調相合性佳。適合的職業是學者、法官等。

◆今天出生的名人

雷克爵士、羅賓森、露西鮑兒、弗萊明、安迪沃荷、古田敦也。

8月7日 深紫藍色

◆人格特色及生活方式

追求知性、往前邁進的探險家。迷人、機智、愛好藝術。

有點裝模作樣，希望自己非常迷人。熱愛藝術、富於機智，與生俱來具有洗練氣質。對於學術的興趣也非常濃厚，有時會出現如探險家一般的行動。

◆相合性的顏色及適合的職業

深紫藍色（royal blue：帶點深紫色的藍色）與暖色系的中間色調相合性佳。適合的職業是科學家、記者等。

◆今天出生的名人

寇克、佩吉、司馬遼太郎、李奇、諾爾德、千葉美加。

8月8日 紫藍色

◆人格特色及生活方式

能夠以直覺看待對方的人。神秘的直覺、單純的疑問、勝負。

具有神秘的直覺。凡事由單純的疑問出發，只要關心一件事情，就一定會追根究底。一向都是藉由直覺取勝。

◆相合性的顏色及適合的職業

紫藍色（帶點朦朧紫色的藍色）與有色系的中間色調相合性佳。適合的職業是電影導演、編輯等。

◆今天出生的名人

班尼卡特、高德戈柏、達斯汀霍夫曼、維藍德、梁肅戎。

8月9日 海軍藍

◆人格特色及生活方式

討厭惡俗的事情，喜歡虔誠的羅曼蒂克。知性、文化、洗練。

具有知性，生活非常洗練。尤其討厭惡俗的東西，主張追求高尚的文化，充滿羅曼蒂克。此外，也追求新的理想。

◆相合性的顏色及適合的職業

海軍藍（navy blue：像英國海軍水兵軍服般暗的藍色）與中間色調相合性佳。適合的職業是宗教家、室內設計師等。

◆今天出生的名人

惠妮休斯頓、皮亞傑、艾德里奇、黑柳徹子、張惠妹。

8月10日 繡球藍色

◆人格特色及生活方式

能夠表現出自然的感性之美的藝術家。藝術、才能、表現力。

很幸運的，能夠在了解自己的雙親的呵護下長大。與生俱來具有藝術的才能，能夠表現出自然的感性之美，因而震撼人心。非常懂得利用音樂及色彩的效果。

◆相合性的顏色及適合的職業

繡球藍色（hydrangea blue：如繡球花般柔軟的紫藍色）與明色相合性佳。適合的職業是芭蕾舞者、舞蹈家等。

◆今天出生的名人

葛拉祖諾夫、奧斯汀、霍茲曼、費雪、胡佛、北澤豪。

8月11日 桑椹紫色

◆人格特色及生活方式

能夠感覺到精神事物的神秘主義者。直覺、信念、宗教。

任何事情都能以堅定的信念堅持到最後。嘗試直覺的思索，擁有神秘的宗教領域。對於科學也非常有興趣。從小世界到大世界都有涉獵。

◆相合性的顏色及適合的職業

桑椹紫色與中間色調相合性佳。適合的職業是科學家、天文學者、原子物理學者等。

◆今天出生的名人

霍根、愛蓮娜達爾、海利、布萊頓、大衛黃、岸惠子、喜多嶋舞。

8月12日 淡灰紫色

◆人格特色及生活方式

重視自己存在的羅曼蒂克者。熱情、孤獨、節制。

內心充滿熱情，是個浪漫主義者。喜歡孤獨，重視自己的存在，但也了解自己這種極端的一面是很愚笨的。能夠在自己認知的範圍內，有效的思考事物。

◆相合性的顏色及適合的職業

淡灰紫色（帶有灰色的淡紫色）與有色系的純色相合性佳。適合的職業是建築師、公司經營者等。

◆今天出生的名人

海洛、布萊迪、布拉瓦斯基夫人、漢彌爾頓、德米勒、貴乃花、羅碧玲。

8月13日 嬰兒藍

◆人格特色及生活方式

踏實的人品、值得尊敬與信賴的人。感性、機敏、信念。

擁有超群的感性以及信念，是個踏實的人，博得大家的信賴與尊敬。絕對不會走在流行的最前線，但是，也會注意到言行與服裝，擁有機敏與俐落的一面。對於他人的煩惱會當作是自己的煩惱。

◆相合性的顏色及適合的職業

嬰兒藍（非常柔和的藍色）與暖色系的中間色調相合性佳。適合的職業是職業運動選手或兒童指導員等。

◆今天出生的名人

格羅夫爵士、貝爾德、桑格、卡斯楚、加尼埃、篠原涼子。

8月14日 淡天空色

◆人格特色及生活方式

使人心高昂，具有美妙聲音的人。光輝的歌聲、生氣、表現力。

如天使般的歌聲能夠振奮人心，美妙的聲音栩栩如生。此外，表現力豐富，能夠憑著印象描繪出活生生的場面。

◆相合性的顏色及適合的職業

淡天空色（myosotis：淡淡的天空色）與暖色系的中間色調相合性佳。適合的職業是聲樂家、染色家等。

◆今天出生的名人

惠特穆勒、拉森、魔術強生、溫德斯、鈴木保奈美。

8月15日 黃色

◆人格特色及生活方式

被溫暖的愛情所包圍的聰明人。機智、溫柔的心、家庭性。

被大家的愛所包圍、培育，擁有一顆溫柔的心。富於機智，非常聰明。充滿了家庭的溫情，非常謹慎，以沉著、穩當的生活為理想。

◆相合性的顏色及適合的職業

與寒色系的中間色調相合性佳。適合的職業是園藝家、膳食總管、保母等。

◆今天出生的名人

比金、培瑞斯、陳義信、拿破崙、布羅格利。

8月16日 淡乳白色

◆人格特色及生活方式

能夠巧妙利用動作與節奏表現出感性的天才。累積感性、意志、節奏感。

能夠累積豐富的感性，是充滿節奏感的天才，並且能夠依照自己強烈的意志與伎倆來控制這種感覺。

◆相合性的顏色及適合的職業

淡乳白色（light cream：帶有淡淡白色的乳白色）與寒色系的中間色調相合性佳。適合的職業是解說員、攝影師等。

◆今天出生的名人

瑪丹娜、蓋塔諾、米尼、海耶、希布勒。

8月17日 淡黃色

◆人格特色及生活方式

度過多采多姿的少女時代的單純的人。愛與友情、好奇心、探究心。

在能夠感受到家庭愛以及友情的愛情環境中培育長大，能夠使這種素質延伸的人，就算是遇到壓迫或是困難，也因為具有旺盛的好奇心以及探究心，所以能夠面對難關，不斷的努力。

◆相合性的顏色及適合的職業

淡黃色（Primrose yellow：黃水仙花的淡黃色）與寒色系的中間色調相合性佳。適合的職業是教師、專業講師、舞蹈家、芭蕾舞者等。

◆今天出生的名人

里維斯、休斯、勞伯迪尼洛、梅蕙絲、西恩潘、華原朋美。

8月18日 橘黃色

◆人格特色及生活方式

重視精神的聰明人。至高無上的精神、明朗、自由豁達。

能夠從由動物的本能支配的肉體變換為自己的性質，以至高無上的精神為目標。此外，個性開朗，具有有魅力的感性，是自由豁達的人。

◆相合性的顏色及適合的職業

橘黃色（略帶黃色的橘色）與白色、黑色、棕色其中一色相合性佳。適合的職業是教育家、作者等。

◆今天出生的名人

路易斯、勞勃瑞福、薩利耶里、午馬、卡恩、清原和博、中居正廣。

8月19日 金黃色

◆人格特色及生活方式

總是追求第一，自視頗高的人。自我本位、最佳狀況、健康。

總是能夠健康的生存在這個世界上。對於世事，自視頗高。凡事都追求第一，有時不太能夠進行自我反省，必須要注意不可凡事都以自我為中心。

◆相合性的顏色及適合的職業

金黃色（golden orange：明亮黃色的橘色）與棕色系相合性佳——例如煙草色、黃褐色、紅殼色等。適合的職業是音樂家、歌手等。

◆今天出生的名人

香奈爾、納許、柯林頓、柯忍其可、維胥尼亞、鄭秀文。

8月20日 橘色

◆人格特色及生活方式

身心都很健康的現實主義者。能量、大成就、現實的。

均勻的擁有肉體的生命力（紅色）以及知性的活動力（黃色）。這個顏色是能量的指標。絕對不會去聽一些幻想性、假設性的見解。擁有大希望，是想法非常堅定的人。

◆相合性的顏色及適合的職業

與寒色系的明色相合性佳，和此色對等的金屬色是黑色。適合的職業是運動選手、播音員等。

◆今天出生的名人

夸齊莫多、薩里南、拉吉夫甘地、宗毓華、蘇珊。

8月21日 肉桂色

◆人格特色及生活方式

凡事求取平衡的指導者。能量、人際關係、情勢分析。

具有能夠調和所有人際關係的能力。能夠以自己所擁有的能量分析情勢，並且以均衡的方式再加以結合。尤其是對於企劃方面，能夠綜合性的思考人才、資金、技術力等，因此，獲得良好的評價。

◆相合性的顏色及適合的職業

肉桂色（略帶淺紅色的棕色）與白色、黑色、深棕色相合性佳。適合的職業是自營商、批發商等。

◆今天出生的名人

張伯倫、波哥尤波夫、貝西、瑪格麗特公主、楊諾夫、張小燕。

8月22日 金黃褐色

◆人格特色及生活方式

可將平凡的東西變得具有獨創性，擁有心靈餘裕。感情移入、創作力、人際關係。

能夠將感情移入所有的事情裡。即使是平凡的素材，也能夠創造出富有變化的東西。此外，溝通能力超群，能夠建立有意義的人際關係。

◆相合性的顏色及適合的職業

金黃褐色（golden corn：略帶淺紅色的黃色）與寒色系的明色相合性佳。適合的職業是畫家、圖案家等。

◆今天出生的名人

卡爾、布拉德伯里、胡克、里芬史塔爾、布列松、白德斯、羽野晶紀。

8月23日 深向日葵色

◆人格特色及生活方式

能夠從正反兩面看待事物的創造者。時機、行動的節奏、美感。

非常清楚行動的節奏與時機，能夠從正反兩面來掌握事情。能夠從各種角度來看待事物，具有美的感覺，也具有創造力。

◆相合性的顏色及適合的職業

深向日葵色（deep sunflower：非常深的向日葵色）與深棕色系相合性佳。適合的職業是醫生、科學家等。

◆今天出生的名人

摩恩、譚詠麟、金凱利、朱根森、陶大偉、阿奈斯特亨利。

8月24日 黃棕色

◆人格特色及生活方式

希望能夠更提升自己的努力家。努力、訓練、行動。

希望能夠更提升自己，因此，不斷的訓練與努力。即使身陷困境，也能夠掌握狀況，再度展現行動。

◆相合性的顏色及適合的職業

黃棕色（yellow ocher：略帶黃色的棕色）與深棕色、黑色、白色相合性佳。適合的職業是學者、棋士等。

◆今天出生的名人

鄧小平、貝波姆、波吉斯、威爾伯福斯、里普肯、岡田美里。

8月25日 牛皮棕色

◆人格特色及生活方式

重視人際關係、禮儀端正的人。節度、和平、優雅。

能夠正確的掌握自己的健康狀況，過著有節制的生活。精神方面非常成熟，熱愛和平，言行舉止端正、優雅，讓她擁有良好的人際關係。

◆相合性的顏色及適合的職業

牛皮棕色（buff：像小牛的皮一般，略帶明亮黃色的棕色）與紅色、橙色、黃色、白色的相合性佳。適合的職業是女演員、運動教練等。

◆今天出生的名人

史恩康納萊、伯恩斯坦、華勒士、阿密斯、魯德威格二世、飯島愛。

8月26日 煙草色

◆人格特色及生活方式

希望能讓自己處於優勢的領導者。踏實、組織力、現實主義。

人品、性格、思想都非常實在，是屬於踏實派的人。具有優秀的組織能力，是典型的指導者。能夠過著踏實的生活，並且經常琢磨自己的素質。有點內向，經常會封閉自己的心靈，需要特別注意。

◆相合性的顏色及適合的職業

煙草色（深黃色的棕色）與白色、黃色、橙色相合性佳，重點在於純色。適合的職業是教師、研究者等。

◆今天出生的名人

佛勒斯特、約瑟夫孟高菲爾、費拉羅、拉瓦錫、沙賓、石井明美。

8月27日 天空藍

◆人格特色及生活方式

適合任何裝扮的浪漫者。深謀遠慮、流行感覺、行動力。

潛藏著神秘的力量，身心都非常年輕，具有高度的流行感，是浪漫的人。此外，做事深謀遠慮，能夠展現果敢的行動力，使得工作等都能夠成功。

◆相合性的顏色及適合的職業

天空藍（sky blue）與暖色系的明色或純色白色的組合相合性最佳。適合的職業是詩人、流行設計師等。

◆今天出生的名人

詹森、德萊瑟、德蕾莎修女、曼雷、宮澤賢治、連戰。

8月28日 灰藍色

◆人格特色及生活方式

在任何領域中都希望自己成為主角。具藝術、感性、創造力。

因為接受文學或音樂等藝術的刺激，因此，培養出豐富的感性。靈感豐富，讓她不斷的產生新的作品。在各種領域中都希望自己成為主角。

◆相合性的顏色及適合的職業

灰藍色（aqua grey，略帶水色的灰色）與中間色調相合性佳，和粉紅、淡紫等的組合更佳。適合的職業是編劇、演出家等。

◆今天出生的名人

英格麗褒曼、貝特漢、彼得遜、歌德、索爾、仁藤優子。

8月29日 鼠尾草藍

◆人格特色及生活方式

擅於創造人脈的謹慎派。芳香、奉獻的行為、氣質。

像花一般，充滿芳香與氣質，擁有柔和的姿態，充滿了魅力。教養非常好，會為他人付出，並且擅長創造人脈，絕對不會出現衝動的行為。

◆相合性的顏色及適合的職業

鼠尾草藍（pale salvia blue：像鼠尾草花一般明亮的藍色）與暖色系的中間色調、寒色系的明色相合性佳。適合的職業是舞蹈家、手藝家等。

◆今天出生的名人

麥克傑克森、沈君山、鄭志龍、帕克、畢蒙、洛克。

8月30日 深藍色

◆人格特色及生活方式

內心琴弦充滿旋律，是個體貼的人。母愛、音樂、氣質。

氣質佳，讓大家都想接近她，而且散發出像母愛一般優雅的感覺。具有利用音樂來替代語言表現的才能。

◆相合性的顏色及適合的職業

深藍色（ultramarine：略帶淡紫色的藍色）與中間色調相合性佳。適合的職業是鋼琴演奏家、保母等。

◆今天出生的名人

大衛、厄爾雷、威金斯、瑪麗雪萊、拉塞福、小谷實可子。

8月31日 紫藍色

◆人格特色及生活方式

能夠立於他人之上的領導者。自我管理、知的權威、盛氣凌人。

能夠自我管理，在知識方面具有相當的權威。不聽他人的建議，有盛氣凌人、高傲的傾向，必須要特別注意。在各領域中都是屬於領導地位的人。

◆相合性的顏色及適合的職業

紫藍色（深的紫藍色）與白色相合性佳。適合的職業是評論家、藝術家等。

◆今天出生的名人

卡利古拉、洛維爾爵士、張清芳、蒙特梭利、溫特、野茂英雄。

9月1日 朦朧綠色

◆人格特色及生活方式

能夠以甜美的故事訴說言情小說的女主角。教養、纖細、謹慎。

有教養，多才多藝，同時還具有謹慎、纖細的魅力，是能夠將言情小說的主角活生生展現出來的典型美女。此外，簡明扼要的說話方式也是一大特徵。

◆相合性的顏色及適合的職業

朦朧綠色（fresh green：朦朧的黃綠色）與暖色系的中間色調相合性佳。適合的職業是指揮家、花藝設計者等。

◆今天出生的名人

洛基、史蒂芬斯、培珀、江蕙、艾倫、三浦理惠子。

9月2日 牧草色

◆人格特色及生活方式

即使是犧牲自己也在所不惜的令人尊敬的人。頑固、光明正大、努力。

能夠面對目標，沉靜、執著的往目標前進。在面臨必須二選一的決定時，能夠立即回答。會不斷的努力往上爬，光明正大。有時即使犧牲自己也在所不惜，但有時也會有看不清楚的一面。

◆相合性的顏色及適合的職業

與暖色系、寒色系的明色相合性佳。適合的職業是詩人或播音員等。

◆今天出生的名人

湯普遜、布萊德蕭、辛姆斯、康諾斯、奧斯渥德、伊藤博文。

9月3日 深綠色

◆人格特色及生活方式

夢想著烏托邦世界的文學少女。知覺、優雅、創作意欲。

擁有優秀的知覺以及創作意欲，在所有的領域中都有優秀的表現。但是，不擅長應付突發的狀況。此外，也擁有心胸坦蕩、不疑有他的氣質。

◆相合性的顏色及適合的職業

深綠色（holly green：像樹葉般的深綠色）與所有顏色的中間色調、明色相合性佳。適合的職業是作家、法官等。

◆今天出生的名人

路易蘇利文、特羅斯葛羅、史利姆、希金斯、高玉樹、陳曉東。

9月4日 青綠色

◆人格特色及生活方式

具有冷靜判斷力的客觀的人。好奇心、驚奇、自發性。

好奇心強，任何事情都會採取實證的、客觀的、體系的姿態，能夠明確的區別善惡。換言之，會以科學的態度來面對、下冷靜的判斷，是個具有自發性的人。

◆相合性的顏色及適合的職業

青綠色（viridian：略帶深藍色的綠色）與所有顏色的純色相合性佳。適合的職業是評論家、稅務人員等。

◆今天出生的名人

伯納姆、袁詠儀、布魯克納、傑西詹姆斯、李察萊特、小林薰。

9月5日 鐵色

◆人格特色及生活方式

慢慢接近真理的高尚的人。虛榮心、區別善惡、秩序。

具有令人難以捉摸的一面。也有潔癖，能夠清楚的區別正義與邪惡。經常追求真理，不喜歡渾沌不清的狀態。不過，隨著越來越圓滑，虛榮心也越來越強，需要注意。

◆相合性的顏色及適合的職業

鐵色（帶有暗藍色的綠色）與所有顏色的明色、中間色調相合性佳。適合的職業是科學家、藥學家等。

◆今天出生的名人

約翰凱吉、路易十四、約翰密契爾、林文月、達頓。

9月6日 海松藍色

◆人格特色及生活方式

不斷探究未知世界的努力家。自然的真理、生命的神秘、理性。

對於未知的事物並不恐懼，反而具有旺盛的探究心。具有超越時間、空間的思考能力。

◆相合性的顏色及適合的職業

海松藍色（略帶暗藍色的綠色）因為顏色很暗，所以，與所有顏色都具有相映的效果。適合的職業是與美術有關的學者或作家等。

◆今天出生的名人

約瑟夫甘迺迪、拉法葉、珍亞當斯、許冠傑、凱利、西村京太郎。

9月7日 淡水色

◆人格特色及生活方式

認為做出對社會有幫助的事情才具有生存意義的人。調和、熱情、單純。

能夠被美學的調和以及自然主義的藝術所吸引，具有熱情的、單純的情節。希望世界變得更美好，如果自己能夠在這件事上貢獻一己之力，就會感覺到自己存在的價值。

◆相合性的顏色及適合的職業

與中間色調相合性佳。適合的職業是商店經營者或企劃等。

◆今天出生的名人

索尼羅林、巴第哈利、摩斯奶奶、伊麗莎白女王、伊來亞卡贊。

9月8日 藍寶石色

◆人格特色及生活方式

以良心為信條的認真的人。冒險、頂尖的素質、臨機應變。

以良心為信條，感性豐富，是具有魅力的人。擁有健康的身心，具有深不可測的能量。當發現新事物時，會立刻採取隨機應變的行動，具有頂尖的素質。有時也很喜歡冒險。

◆相合性的顏色及適合的職業

藍寶石色（aquamarine）與所有顏色的中間色調相合性佳。適合的職業是職業運動選手或教授等。

◆今天出生的名人

德弗札克、巴洛特、侯孝賢、顏行書、彼得謝勒、維沃德。

9月9日 深青綠色

◆人格特色及生活方式

擁有好奇心的年輕的人。體貼、禮儀、身心健康。

具有體貼心，儀容端正，擁有迷人的性格。喜歡紅色，但並不衝動。就好像喜歡藍色，但並不那麼拘謹一樣。總是擁有自己的願望，並且面對目標向前邁進，隨時擁有健康的身心。

◆相合性的顏色及適合的職業

深青綠色（deep teal green：比小鴨色更深的青綠色）與所有顏色的中間色調相合性佳。適合的職業是公司經營者、程式設計師等。

◆今天出生的名人

歐提斯雷丁、托爾斯泰、拉克漢、余光中、麥可基頓。

9月10日 鐵藍色

◆人格特色及生活方式

總是居於領導者地位的優秀經營者。冷靜、自我評價、獨創性。

行動冷靜，知識淵博，嚴以律己。不會因循前例，會靠自己的力量與努力，展現超越以前的作為，凡事都有獨創性。此外，也會積極的幫助別人。

◆相合性的顏色及適合的職業

鐵藍色（略帶暗綠色的藍色）與中間色調相合性佳。適合的職業是公司經營者、會計師等。

◆今天出生的名人

蘇美克、萊頓、歐陽菲菲、費里西安諾、韋菲爾。

9月11日 深藍色

◆人格特色及生活方式

凡事都能夠清楚表現出來的有才之士。靈活、思想家、文才。

喜歡享受美食，因此，要特別注意熱量攝取過剩。此外，也具有能夠將困難的事情簡潔扼要表現出來的文筆才能。在面對題材的選擇、分配、表現方面，也能夠完美達成。

◆相合性的顏色及適合的職業

深藍色（bleu prusse：很深的藍色）與所有顏色的相合性佳。適合的職業是哲學家、烹飪家等。

◆今天出生的名人

潔西卡密特福德、歐亨利、韓斯利克、德帕爾馬、帕爾特。

9月12日 暗紫色

◆人格特色及生活方式

以了不起的方式培育學子的教育家。精神高昂、理想、家庭愛。

心中存有不久之後就要實現的崇高理想，對於任何事情都很有耐心。認同他人，並且會以一顆支持的心來培育，有非常好的人品。她認為這就是自己的成就。非常適合擔任教育家。

◆相合性的顏色及適合的職業

暗紫色（mulberry：如桑椹果實般的暗紫色）與中間色調相合性佳。適合的職業是教育家、監獄官等。

◆今天出生的名人

哈德遜、曼肯、歐文斯、張國榮、喬治瓊斯、田中美奈子。

9月13日 紫藍色

◆人格特色及生活方式

如繪畫一般纖細的浪漫。纖細、洗練、獨創性。

具有崇高、洗練的造型，是屬於浪漫的人。在自己的想法尚未實現之前，絕對靜不下來。具有如繪畫般的纖細以及獨創性的想法，能夠感動他人。

◆相合性的顏色及適合的職業

紫藍色（purple navy：帶有藏青色的紫藍色）與純色相合性佳。適合的職業是園藝家、禮儀老師、茶道老師等。

◆今天出生的名人

貝拉卡羅利、拉斯基、克拉拉舒曼、考白爾、荀白克、陳慧琳。

9月14日 棕褐色

◆人格特色及生活方式

熱中於使疑問明朗化的調查家。思想、努力、追根究底。

想法奇特，而且具有將其表現出來的能力。凡事都追根究底，面對問題時一定會不斷的思考，直到找出答案為止。

◆相合性的顏色及適合的職業

棕褐色（tan：像皮革一般略帶黃色的棕色）與寒色系的明色相合性佳。適合的職業是烹飪家、撰稿員等。

◆今天出生的名人

瑪格麗特桑格、洪堡、安達祐實、麥可海頓、米勒特。

9月15日 褐色

◆人格特色及生活方式

戰鬥力強的人，意志、好奇心、經驗。

具有強烈的戰鬥意志，也像小孩一般具有旺盛的好奇心，不斷的吸收新的事物，並將其變成自己的東西，是了解經驗的必要性的人。

◆相合性的顏色及適合的職業

與寒色系的明色相合性佳。適合的職業是電視節目的企劃或製作人等。

◆今天出生的名人

尚雷諾、洛克伍德、阿嘉莎克莉絲蒂、奧利佛史東、湯米李瓊斯、土光敏夫、藤谷美紀。

9月16日 深棕色

◆人格特色及生活方式

豪氣、能夠大膽表現出自己想法的善人。心情、傳統、主義主張。

是感情豐富的類型。充滿體貼之心。此外，也具有傳統性，非常執著於事物的重要性與紀念性，能夠貫徹自己的主張以及理念。雖然有時會口出惡言，但是也能夠讓人感覺出他的高貴。

◆相合性的顏色及適合的職業

深棕色（terracotta：像燒陶顏料般的深棕色）與寒色系的明色相合性佳。適合的職業是建築師、花藝家等。

◆今天出生的名人

塞特喬伊、娜蒂亞布蘭潔、大衛庫柏菲德、洛琳白考兒、康奈。

9月17日 淺蔥鼠色

◆人格特色及生活方式

具有安定的人格，能夠獲得他人信賴的人。冷靜沉著、直覺、體貼。

具有體貼之心，內心非常安定，值得他人信賴。性格沉著、胸襟廣闊、感情豐富，對於侮辱非常敏感。具有敏銳的直覺力，能夠立即察覺危險的存在。

◆相合性的顏色及適合的職業

淺蔥鼠色（具有淺蔥顏色的老鼠色）與暖色系的中間色調相合性佳。適合的職業是以自然為對象的學者等。

◆今天出生的名人

菲爾傑克森、維塔爾、布羅斯、曾野綾子、班克羅夫特。

9月18日 灰藍色

◆人格特色及生活方式

擅長於指導後進的溫厚的人。冷靜、溫厚篤實、威嚴。

是個溫厚、篤實、冷靜的人。具有與眾不同的想法，為了使自己的想法完整，所以會集中思考，不管遇到任何難題，一定會勇敢面對，努力尋求解決的方法。此外，在穩健的同時也有威嚴的一面，也很擅長於提拔後進。

◆相合性的顏色及適合的職業

灰藍色（powder blue：帶點粉灰色的藍色）與白色相合性最佳，其次是明色。適合的職業是研究者或舞蹈老師等。

◆今天出生的名人

葛麗泰嘉寶、德米勒、麥克米倫、迪芬貝克、卡迪夫、井原正巳。

9月19日 淡紫色

◆人格特色及生活方式

嚴格自我要求，到達成熟領域的努力家。嚴格、本國性、素質的開發。

在嚴格的環境中長大，是非常高雅的人。認真學習各種才藝及讀書，開發自己潛在的素質。此外，也深深的被本國傳統藝術所吸引，能夠帶給他人嶄新的印象，不停的提升自我。

◆相合性的顏色及適合的職業

淡紫色（lilac hazy：如紫丁香花般的顏色）與白色相合性最佳，和任何顏色都相配。適合的職業是舞蹈家、茶道家等。

◆今天出生的名人

崔姬、羅茲、馬提尼斯、艾普斯坦、李希留主教。

9月20日 亮檸檬色

◆人格特色及生活方式

具有敏銳的感性、樸直的人。憂愁、單純、洗練。

憂愁、內向性，隨時保持敏感。具有洗練的言詞及動作，同時具備女性的溫柔與單純。有時會感動得淚流滿面，充滿感情。

◆相合性的顏色及適合的職業

亮檸檬色（light lemon：明亮的檸檬色）與寒色系的中間色調相合性佳。適合的職業是樂器的演奏者、編輯者等。

◆今天出生的名人

雷德奧爾巴哈、安室奈美惠、蘇菲亞羅蘭、麥克德摩、塔維安尼。

9月21日 抹茶色

◆人格特色及生活方式

高雅而沒有污染的神秘主義者。高潔、神秘主義、孤獨。

具有意慾、高潔性。往往會被超能力或太空等神秘的事情所吸引。有時也會展現冷淡的行動，往往陷於孤獨中。

◆相合性的顏色及適合的職業

抹茶色（tea green）與深綠色相合性佳。適合的職業是登山家、冒險家、占卜師等。

◆今天出生的名人

史蒂芬金、丁亞民、比爾穆瑞、藍恩爵士、麥卡登。

9月22日 淺黃綠色

◆人格特色及生活方式

能夠創造出好氣氛的開朗的人。愉快的會話、快活、規矩。

具有舒暢快活的人格，在會話時，會讓人覺得心曠神怡，整個人都被愉快的氣氛所包圍。精通茶道、花藝、詩詞歌賦等，有時也會跳傳統舞蹈。非常懂得禮儀與規矩。

◆相合性的顏色及適合的職業

淺黃綠色（bourgeon：淺的黃綠色）與灰色的相合性最佳。適合的職業是室內設計師或詩人、茶道家、舞蹈家等。

◆今天出生的名人

艾瑞克馮史特洛卓、法拉第、瓊潔特、潘克赫斯特、楊振寧、緒方直人。

9月23日 綠黃色

◆人格特色及生活方式

具有反應本能的野心家。公正、自力、自我犧牲。

有健忘的一面，但是，不會依賴他人，會以自己的能力往前進。另外，會擺架勢，但也都能夠依照自己的公正、專業能力以及自我犧牲來加以克服。

◆相合性的顏色及適合的職業

綠黃色（jaune citron：帶點綠色的黃色）與黑色相合性佳。適合的職業是室內設計師、工業設計者等。

◆今天出生的名人

布魯斯史賓斯汀、德爾佛、海波萊特、寇特蘭、鈴木杏樹、吳綺莉。

9月24日 深黃綠色

◆人格特色及生活方式

打破慣例往前衝的熱情家。比賽、好機會、直覺力。

能夠掌握好時機，有時也會在覺悟可能會失敗的情況下面對挑戰。幹勁十足的往前衝。是個能夠打破慣例，面對新目標行動的人。

◆相合性的顏色及適合的職業

深黃綠色（像小雞羽毛般深的黃綠色）與深綠色相合性佳。適合的職業是記者、作家等。

◆今天出生的名人

費滋傑羅、馬歇爾、漢森、沃納、克勞馥。

9月25日 橘黃色

◆人格特色及生活方式

很容易受到環境影響的單純的人。關心、構想、瞬間爆發力。

關心周圍的事情。在工作方面與其依賴他人，不如自己去做。是個能夠花時間將構想一氣呵成加以實行的人，也是容易受到周圍環境影響的單純的人。

◆相合性的顏色及適合的職業

橘黃色（sun orange：略帶亮黃色的橘色）與白色相合性佳。適合的職業是鋼琴演奏家或是高爾夫球、網球、羽球等運動選手。

◆今天出生的名人

古爾德、克里斯多夫李維、羅斯可、魯迅、威廉福克納、清水美砂。

9月26日 橘色

◆人格特色及生活方式

討厭模仿別人，有獨特思想的人。責任感、深思、傳統。

在對一件事情下判斷之前，會深思熟慮，以很強的責任感來行動。此外，很討厭模仿他人，具有獨特的想法，令周圍的人驚訝。

◆相合性的顏色及適合的職業

橘色（tangerine orange：橘子的顏色）與白色相合性佳。適合的職業是漫畫家、編劇等。

◆今天出生的名人

喬治蓋西文、費利、巴夫洛夫、亞伯特、查普曼、吳宗憲。

9月27日 卷丹色

◆人格特色及生活方式

有異想天開想法的先驅者。生命力、先驅者、勇氣。

意志堅強、充滿健康的生命力，能夠在各種領域中擔任先驅者。充分具備指導者的素質。具有異想天開的想法，是個知足常樂的人。勇氣十足，因此，獲得他人的喜愛。雖然也有混亂的一面，但是都能夠以幽默的氣氛化解。

◆相合性的顏色及適合的職業

卷丹色（tiger lily：像百合一般略帶亮紅色的橘色）與白色相合性佳。適合的職業是公司經營者或導遊等。

◆今天出生的名人

鮑威爾、波塔、山繆亞當斯、史密特、歐勤克勞斯、劉德華。

9月28日 黃紅色

◆人格特色及生活方式

具有崇高的氣氛、令人尊敬的人。夢、尊敬、構想。

具有崇高的氣氛，是不斷追求夢想的人。此外，也能夠不斷的湧現卓越、偉大的構想，作品具有崇高、神秘的氣氛，讓周圍的人感到驚訝與尊敬。即使面對絕望的情況，也仍然懷有期待。

◆相合性的顏色及適合的職業

黃紅色（略帶朦朧黃色的紅色）與白色相合性佳。適合的職業是茶道、花道老師。

◆今天出生的名人

馬斯楚安尼、碧姬芭杜、羅森伯格、史邁林、卡拉法吉歐、伊達公子。

9月29日 亮紅紫色

◆人格特色及生活方式

集中精神於一件工作上的人。天真爛漫、強韌的精神、敏銳與溫和。

是天真爛漫的好人，對於自己熱中的事情能夠完全投注心力，並感到無上的喜悅。努力探究自己最了解的世界，具有敏銳、溫和的一面，和外表不太搭調。擁有強韌的內在面。

◆相合性的顏色及適合的職業

亮紅紫色（opera：明亮的紅紫色）與白色相合性佳。適合的職業是設計師、女演員等。

◆今天出生的名人

柯埃、費米、安東尼奧尼、趙耀東、傑瑞李路易斯、涂阿玉、榎本加奈子。

9月30日 莧紫色

◆人格特色及生活方式

尋找美麗的場所、追求羅曼蒂克的人。現實、本質、探究心。

具有羅曼蒂克的一面，能夠從現實生活中學到一些東西。能夠深入探究各種事象，是追求本質的人。為了保護自己，因此會為自己戴上一個假面具來面對他人。

◆相合性的顏色及適合的職業

莧紫色（amaranth purple：如傳說中不凋花般的紫色）與白色相合性佳。適合的職業是文學者、作詞家等。

◆今天出生的名人

尤里庇底斯、龐培大帝、東山紀之、黛博拉寇兒、維瑟爾、辛吉絲、石原慎太郎、王陽明。

10月1日 黃丹色

◆人格特色及生活方式

在藝術與運動方面表現優秀、活潑的人。訓練、生命力、節奏感。

與生俱來就擁有藝術與運動的才能，藉由訓練能夠得到完美的技術。任何事情都能夠以自己的步調做好。其才能之一就是與生命力結合的節奏感。

◆相合性的顏色及適合的職業

黃丹色（用來做皇太子禮服的強鮮豔橘色）與暖色系的明色相合性佳。適合的職業是作家或髮型、化妝設計師等。

◆今天出生的名人

霍羅維茨、黃韻玲、卡特、邦尼帕克、茱莉安德魯絲。

10月2日 深棕色

◆人格特色及生活方式

獲得眾人的喜愛、具有一顆溫暖的心的人。朝氣、創造、微笑。

隨時都保持開朗的笑臉，獲得眾人的喜愛。雖然有點輕佻，但是充滿朝氣。這種健全的身心是創造意欲的基礎。

◆相合性的顏色及適合的職業

深棕色（來自於印度孟加拉地方深棕色的顏料）與寒色系的中間色調相合性佳。適合的職業是獸醫、建築師、設計師、工程師、運動選手等。

◆今天出生的名人

甘地、史蒂文斯、吳大維、興登堡、雷伊。

10月3日 橘紅色

◆人格特色及生活方式

不喜歡孤獨的社交性人物。威力、充實、挑戰。

身心都具有威力，每天過著充實的生活。喜歡和他人相處，不喜歡孤獨。能夠勇敢的面對新規的事業，並且擁有解決難題的能力。

◆相合性的顏色及適合的職業

橘紅色（carrot orange：如紅蘿蔔般的橘色）與寒色系的中間色調相合性佳。適合的職業是公司經營者、建築師等。

◆今天出生的名人

恰比切克、史提夫雷契、維達、愛蓮諾拉杜絲、勃納爾、真木藏人。

10月4日 艷橘色

◆人格特色及生活方式

隱藏感情的熱情家。感性、伶俐、美貌。

蓄積清澄的感性，具有伶俐與美貌，給人文靜的印象。身心都能夠散發紅色的熱情，但事實上卻是隱藏激烈感情的人。

◆相合性的顏色及適合的職業

艷橘色（flame orange：明亮的橘色）與白色和寒色系的明色相合性佳。適合的職業是學者、女演員、攝影家等。

◆今天出生的名人

巴斯特基頓、蘇珊莎蘭登、柯朗爵士、福井謙一、北島三郎、鄭伊健。

10月5日 丁香色

◆人格特色及生活方式

不允許三心二意的合理主義者。保守性、義務感、責任感。

具有強烈的義務感與責任感。行動方面有要求合理的傾向，不允許他人三心二意。性格保守，不會為別人帶來麻煩，腦海中經常浮現嶄新的念頭，這時只要自己的意志高昂，就會立刻採取行動。

◆相合性的顏色及適合的職業

丁香色（像丁香花般模糊的橘色）與暖色系的明色相合性佳。適合的職業是發明家或電腦程式設計師等。

◆今天出生的名人

葛爾道夫、華爾渥帕爾、哈維爾、郭源治、姜育恆、亞瑟、黑木瞳。

10月6日 肉桂色

◆人格特色及生活方式

能夠直覺了解非凡事物的人。身體狀況、精神安定、平靜。

隨時都能夠維持身體良好的狀況，凡事都以安定的身心狀況為基礎。能夠改善身體的不健康或精神不安定的狀況，直覺透視非凡的事物。

◆相合性的顏色及適合的職業

肉桂色（cinnamon：略帶淺紅色的棕色）與暖色系的明色相合性佳。適合的職業是古典藝能或自然療法等的研究者。

◆今天出生的名人

珍妮林德、柯比意、海爾達爾、卡洛琳隆芭德、威斯汀浩斯。

10月7日 黃棕色

◆人格特色及生活方式

喜歡烹飪、生活力旺盛的人。知識、魁梧、決斷力。

能夠努力積極的學習知識，具有魁梧的體態與決斷力，以此為基礎，使自己充滿了活力，也是擁有堅實生活力的人。此外，喜歡烹飪，擅長日本料理。

◆相合性的顏色及適合的職業

黃棕色（cafe au lait：略帶黃色的棕色）與寒色系的明色相合性佳。適合的職業是料理研究家或與社會福利有關的工作等。

◆今天出生的名人

諾斯、歐培勒、圖圖、馬友友、希姆勒、卡里耶拉、賈靜雯。

10月8日 煉瓦色

◆人格特色及生活方式

能夠與自然合為一體的自由的人。安樂、幸福、自由。

追求安詳的生活、和樂的家庭以及家庭成員的安全，這就是她最大的希望。另一方面，會順其自然的與自然的法則合為一體，追求自由。

◆相合性的顏色及適合的職業

與寒色系的明色相合性佳。適合的職業是陶藝家或園藝家等。

◆今天出生的名人

雪歌妮薇佛、苦苓、郭子、傑西傑克森、密爾斯坦、史迪理肯貝克、裴隆。

10月9日 紅土色

◆人格特色及生活方式

能夠開啟新境地的人。理論性、感受性、危險迴避。

感受性敏銳，能夠詳細的反覆加以檢證，在理論架構方面非常細密。在建築、雕刻、繪畫、文學、音樂等各種藝術領域方面，無法滿足於既存的方法試驗，旁人都會以訝異的眼光來看她。擅長保護自己免於危險，也有拘泥於瑣事的一面。

◆相合性的顏色及適合的職業

紅土色（紅土的顏色）與寒色系的明色相合性佳。適合的職業是茶道家、流行設計師等。

◆今天出生的名人

塞萬提斯、麥克佛遜、約翰藍儂、西恩藍儂、關錦鵬。

10月10日 黃棕色

◆人格特色及生活方式

具有永不滿足的探究心的人。智力、先見之明、理解人類。

具有他人無法比擬的智慧，而且擁有強烈的探究心與先見之明的能力，並且深入了解人類的特性。

◆相合性的顏色及適合的職業

黃棕色（ocher：黃土淺黃色味道的棕色）與寒色系的明色相合性佳。適合的職業是漫畫家、插畫家等。

◆今天出生的名人

威爾第、梅艷芳、品特、華鐸、賈柯梅蒂。

10月11日 駱駝色

◆人格特色及生活方式

不會出現衝動言行的正直的人。記憶力、創造力、才能。

才能非凡，記憶力佳。在專業的領域中能夠發揮驚人的創造力。不會裝模作樣，總是以沉著的姿態來展現自己，可以說是非常「正直」、具有道德的人。

◆相合性的顏色及適合的職業

駱駝色（camel：淺的棕色）與寒色系的明色相合性佳。適合的職業是園藝家、作曲家等。

◆今天出生的名人

亞特布雷基、愛蓮娜羅斯福、莫理亞克、霍爾、威廉斯爵士。

10月12日 紅栗色

◆人格特色及生活方式

單純、優雅、有深度的人。個性、壯大、想像力。

個性強烈，具有非常壯大的尺度與深度的內在，想像力豐富，純潔、溫柔。會埋首於有興趣的事物中，絕對不會規避責任或半途而廢。此外，也是美食家，擅長烹飪料理。

◆相合性的顏色及適合的職業

紅栗色（burnt sienna：燒土所製作出來的原料，略帶紅色的栗色）與寒色系的明色相合性佳。適合的職業是數學家、哲學家等。

◆今天出生的名人

葛雷葛瑞、梅絲塔、帕華洛帝、愛德華六世、佛漢威廉士、友坂理惠、真田廣之。

10月13日 黃棕色

◆人格特色及生活方式

總是和音樂在一起的健康的人。耐久、神秘性、保守性。

健康而具有耐力，不會感情用事，非常成熟，甚至是保守的人。此外，周圍總是充滿了音樂，說出來的話語非常吸引人，也具有神秘的甜美性。在家庭生活與工作方面兩全其美……。

◆相合性的顏色及適合的職業

黃棕色（略帶暗黃色的棕色）與寒色系的明色相合性佳。適合的職業是評論家、作家等。

◆今天出生的名人

薩克森伯爵、保羅西蒙、柴契爾夫人、南西凱瑞根、伊夫蒙坦、松嶋菜菜子。

10月14日 烏賊墨色

◆人格特色及生活方式

具有豐富的感性、三心二意的人。教養、純真、獨創性。

具有豐富的教養以及創造的感性。然而總是三心二意。有其純真的一面，因此，使得她的獨創性更加發揚光大。

◆相合性的顏色及適合的職業

烏賊墨色（sepia：略帶墨魚般暗灰色的棕色）與寒色系的明色相合性佳。適合的職業是插畫家、化妝師等。

◆今天出生的名人

艾森豪、賓恩、張震、麗莉安姬許、拉夫羅倫、渡邊香津美。

10月15日 黃褐色

◆人格特色及生活方式

富於機智的聰明人。母愛、自我啟發、洞察力。

年幼時就在母愛下孕育成長，因此培養出正確的節奏感。藉由自我的啟發能夠產生敏銳的洞察力與直覺力，對於新事物非常有興趣。聰明、富於機智，受人喜愛。

◆相合性的顏色及適合的職業

黃褐色（燒紅土製作出來的顏料的顏色）與寒色系的明色相合性佳。適合的職業是鑑定家或畫商等。

◆今天出生的名人

約翰蘇利文、尼采、愛狄絲威爾遜、王爾德、卡爾維諾、林志穎、張世。

10月16日 黃玉色

◆人格特色及生活方式

在創作活動中不斷展現自己才能的人。優等生、謹慎、專心。

從年幼開始，就能夠將大人對於自己的理想具體實現，是個優等生。對於事情能夠慎重地加以計劃，並且專心的投入工作。這種慎重與專心的程度令人吃驚。此外，充滿想像力，從她創作出來的東西也可以看出她的個性。

◆相合性的顏色及適合的職業

黃玉色（topaz：略帶黃色的橘色）與所有顏色的中間色調相合性佳。適合的職業是作家、卡通繪製者等。

◆今天出生的名人

歐涅爾、朱宗慶、黃壁洵、班古里昂、安琪拉蘭絲柏莉、韋伯斯特。

10月17日 蘭花白色

◆人格特色及生活方式

具有平穩的心、肚量大的人。清晰、理解力、體貼。

內心清晰，是個平穩的人。最大的特徵就是能夠與任何人相處。不擅長正確的表現出感情的微妙作用，但因為充滿了體貼與理解力，因此，能夠獲得他人的尊敬。

◆相合性的顏色及適合的職業

蘭花白色（orchid white：略帶灰色的白色）與中間色調相合性佳。適合的職業是護士、空服員等。

◆今天出生的名人

麗泰海華絲、齊豫、亨佛萊福瑞、亞瑟米勒、威爾克斯、谷村有美。

10月18日 珍珠灰

◆人格特色及生活方式

動靜皆宜、充分融合、具有魅力的人。活潑、優美、威嚴。

與生俱來在文學與音樂方面就有不錯的潛力，也具有威嚴的一面，但是，自己卻沒有意識到。快樂的度過童年，因此，具有活潑與優美的一面。換言之，是動靜皆宜，富於協調性的人，具有不可思議的魅力。

◆相合性的顏色及適合的職業

珍珠灰（pearl grey：近似於珍珠白的灰色）與白色相合性佳。適合的職業是作曲家、作詞家等。

◆今天出生的名人

查克貝瑞、柏格森、杜魯道、梅蓮娜麥可麗、娜拉提諾娃、李琇媛。

10月19日 銀鼠色

◆人格特色及生活方式

體貼、有氣質的人。謹慎、禮儀、氣質。

非常體貼，多才多藝，絕對不會越軌，是個謹慎的人。從年輕時代開始就已經具備禮儀，言行舉止非常得宜，不會超越自己的分際，是個充滿氣質的人。

◆相合性的顏色及適合的職業

銀鼠色（明亮的灰色）與中間色調相合性佳。適合的職業是調香師、花藝家等。

◆今天出生的名人

霍里菲爾德、華德、盧米埃、彼得托許、波希歐尼、李晶玉。

10月20日 鼠灰色

◆人格特色及生活方式

能夠度過踏實、沉著生活的和平主義者。自然的法則、習慣、錯誤試驗。

喜歡和平的找出自然法則，能夠設定一個不會動搖的價值觀，並且養成習慣。非常有深度、謹慎。能夠在各種不同的基礎下耐心嘗試，是相信輪迴的人。

◆相合性的顏色及適合的職業

鼠灰色（mouse grey）與中間色調相合性佳。適合的職業是公司經營者、花藝設計者等。

◆今天出生的名人

伊芙士、貝拉路盧卡西、王傑、摩頓、里德、約翰杜威。

10月21日 紫灰色

◆人格特色及生活方式

具有神聖的思考，能夠恢復人性的人。宗教性、禁慾、抒情性。

藉由宗教的感情而使自己的內心高昂，因此，有必要恢復人性與抒情性。經常會因為人類所具有的慾望而煩惱。此外，在戀情方面，也往往會突飛猛進。

◆相合性的顏色及適合的職業

紫灰色（像鴿子羽毛般略帶紫色的灰色）與中間色調相合性佳。適合的職業是宗教家、證券分析師等。

◆今天出生的名人

勒琴、北齋勝鹿、柯立芝、凱莉費雪、吉萊斯皮、古天樂、江戶川亂步。

10月22日 暗灰色

◆人格特色及生活方式

為了工作而前進的合理主義者。文化、喧擾、都市性。

與其享受羅曼蒂克的愛情或田園的美麗，寧願喜歡都市性的文化生活與喧擾。在人際關係方面，夾雜在受周圍的人尊敬以及厭惡的狀況中。有將工作當成興趣的傾向。

◆相合性的顏色及適合的職業

暗灰色與所有的顏色相合性佳。適合的職業是採訪記者或造型設計師等。

◆今天出生的名人

卡爾、布拉德伯里、胡克、里芬史塔爾、布列松、石橋貴明。

10月23日 芥末色

◆人格特色及生活方式

踏實的實現構想的自信家。自信、記憶力、不屈不撓的精神。

知道自己真正的價值。能夠藉由優秀的記憶專注在一項主題情報的收集上，讓自己的構想更為豐富。在工作方面具有不屈不撓的精神，但要特別注意不要自信過剩。

◆相合性的顏色及適合的職業

與白色調和。適合的職業是作家、編劇等。

◆今天出生的名人

愛德莉、克萊頓、拉賀斯、畢卡索、比利、利列海、李安。

10月24日 橄欖綠

◆人格特色及生活方式

能夠以踏實的思考為基礎的人。熱情、協助、夢。

思考的基礎非常踏實，不會輕易聽信他人的話，不會受他人的意見所左右。就像燃燒自己一般湧現出熱情，在他人的讚賞與協助下，完成自己的工作、實現自己的夢想。

◆相合性的顏色及適合的職業

橄欖綠（sea moss：如海鼠一般略帶灰色的橄欖綠）與白色相合性佳。適合的職業是評論家或舞蹈老師等。

◆今天出生的名人

亞伯拉罕、凱文克萊恩、吉尼斯、楚吉羅、李建復、渡邊淳一。

10月25日 玫瑰灰

◆人格特色及生活方式

謹言慎行、沉著的人。和藹、敬意、寂靜。

對於後輩非常和藹，對於前輩則心存敬意。工作細心、周到。討厭傳聞或批評等沒有建設性的話語。喜歡寂靜，是非常謹慎、沉著的人。

◆相合性的顏色及適合的職業

玫瑰灰（rose grey：略帶紅色的灰色）與綠色、黃色、白色相合性佳。適合的職業是小提琴或豎琴的演奏者等。

◆今天出生的名人

比才、小約翰史特勞斯、朱茵、拜德。

10月26日 亮藍綠色

◆人格特色及生活方式

能夠冷靜思考、行動的人。自力、指導者、活路。

總是在冷靜的狀況下深思熟慮後再展開行動，喜歡自力、獨自展開行動。充滿精力、才氣以及勇氣，站在指導的立場上。即使在不確實的狀況中，也能夠找出一條活路，是位先驅者。

◆相合性的顏色及適合的職業

亮藍綠色（light turquoise：像土耳其石般明亮的藍綠色）與暖色系的中間色調相合性佳。適合的職業是自營業或電視節目製作等。

◆今天出生的名人

瑪哈莉亞傑克森、密特朗、希拉蕊、巴勒維、孫越、井森美幸。

10月27日 灰青綠色

◆人格特色及生活方式

向新目標挑戰的挑戰者。繼續、安詳、自然。

即使沒有飛躍性的進步，仍屬於「有持續力」的類型。經常會向新的目標挑戰，促使自己成長。喜歡自然，在自然中可以洗滌自己的身心，使自己更加安詳。

◆相合性的顏色及適合的職業

灰青綠色（略帶灰色的青綠色）與白色、粉紅色、淡綠色相合性佳。適合的職業是駕駛員或棋士等。

◆今天出生的名人

帕格尼尼、馬丁斯、沈野、羅竺裘茲、李奇登斯坦、貴乃浪。

10月28日 灰紫藍色

◆人格特色及生活方式

以行動學習為座右銘的實踐主義者。向前、潔癖、高雅。

不會回顧過去，經常保持向前的行動。以「行動學習」為座右銘。最討厭自滿、欺騙、假裝、只重視外表等，有潔癖，是具有氣質的人。

◆相合性的顏色及適合的職業

灰紫藍色（像鴿子胸部羽毛般，略帶灰色的紫藍色）只和白色相合性佳。適合的職業是工藝家或小學老師等。

◆今天出生的名人

茱莉亞羅伯茲、海德、勝家、比爾蓋茲、沙克。

10月29日 栗色

◆人格特色及生活方式

穩健，但對於自己的想法絕不讓步。剛愎、健康、穩健。

非常剛愎，對於自己的想法絕不讓步。自己也非常了解自己的這種特性，故總是展現謹慎的言行。態度穩健，要求身心兩方面的健康。

◆相合性的顏色及適合的職業

栗色（略帶灰色的棕色）與寒色系的明色相合性佳。適合的職業是醫生、學者等。

◆今天出生的名人

莫爾丁、史威坦、艾爾、德雷福斯、哈雷、陳昇。

10月30日 葡萄園色

◆人格特色及生活方式

提供自己的能力為別人解決困難的人。經驗、目的與手段、商量對象。

是個踏實、經驗豐富的人。能夠保持目的與手段的平衡，絕對不會被困難所擊敗。博學多聞兼具智慧以及優雅，富於包容力。能夠成為許多人的商量對象，是他人最好的精神支柱。

◆相合性的顏色及適合的職業

葡萄園色（vineyard：像葡萄園一般模糊的紅紫色）與寒色系的中間色調相合性佳。適合的職業是編輯、精神治療師等。

◆今天出生的名人

哥倫布、龐德、勒盧許、路易馬雷、希斯里、杜斯妥也夫斯基、小野。

10月31日
淡紫色

◆人格特色及生活方式

為了使事情成功而燃燒自己的熱情家。機智、理智、勇猛果敢。

勇猛果敢、充滿生氣，具有熱情、非常大膽，但是對於自己的行動隨時加以自律。富於機智，有點裝模作樣，從這裡也可以看得出她在社會上的野心。

◆相合性的顏色及適合的職業

淡紫色（lilac：像紫丁香花一般的顏色）與白色相合性佳。適合的職業是花藝家以及空服人員等。

◆今天出生的名人

濟慈、蔣介石、黛兒艾文斯、羅思柴爾德、威米爾。

11月1日 駱駝色

◆人格特色及生活方式

充滿自信與力氣，具有能力的人。經營力、自信、忍耐。

能夠構築起非常穩固的組織，具有優秀的經營手腕。充滿氣力、自信，絕對不會期待奇蹟或偶然。會努力往前進，是充滿才能的人。

◆相合性的顏色及適合的職業

與白色相合性佳。適合的職業是經營者、翻譯家等。

◆今天出生的名人

史蒂芬克雷恩、安潔莉絲、密契森、艾雷克海、歐菲斯。

11月2日 灰棕色

◆人格特色及生活方式

不會被任何事所左右，是意志強烈的人。洞察力、現實派、柔軟性。

學問的造詣非常深，排斥以訛傳訛的知識。具有優秀的洞察力，是腳踏實地的現實派。不會被任何事情所左右，具有強烈的意志，但是，也會以柔軟的姿態來應對所有的局面。每天都很注意要讓自己的精神生活充實……。

◆相合性的顏色及適合的職業

灰棕色（略帶灰色的棕色）與白色相合性佳。適合的職業是舞台女演員或是海關人員等。

◆今天出生的名人

奧伊塔、柴里尼、瑪麗安彤奈特、波爾克、蘭卡斯特、深田恭子。

11月3日 灰黑棕色

◆人格特色及生活方式

重視他人的幫助的人。公正、高尚、信賴。

對於事物能夠下公正的判斷，是個高尚的人。因此，獲得許多人的信賴與支持。總是由衷的感謝別人的信賴與支持，是個率直的人。凡事她都想要加以體驗，是個充滿好奇心的人……。

◆相合性的顏色及適合的職業

灰黑棕色（略帶灰黑色的棕色）與黃色、淡茶色相合性佳。適合的職業是採訪記者、系統工程師等。

◆今天出生的名人

查理士布朗遜、日本明治天皇、手塚治蟲、小林旭、林青霞、布萊恩特、巴爾。

11月4日 棕灰色

◆人格特色及生活方式

對於工作充滿信心的自信家。感覺、手工藝、至高無上。

言行沉著，對於工作充滿自信。感覺敏銳，頭腦清晰。此外，在手工藝方面的技巧相當熟練。對於工作深具自信，以至高無上為目標來磨練自己的技術。

◆相合性的顏色及適合的職業

只要以棕灰色（taupe：像鼴鼠般略帶暗棕色的灰色）為基礎色，那麼任何顏色都會顯得很醒目。適合的職業是隨筆作家或廣播節目的公關。

◆今天出生的名人

海尼根、亞特卡尼、威爾羅傑斯、克朗凱特、宏索斯特、西田敏行。

11月5日 炭灰色

◆人格特色及生活方式

義理人情深厚、樂於助人的人。信念、男性化、禮儀。

擁有信念，能夠採取積極的行動，深諳禮儀、人情義理，經常幫助弱者。總是具有強烈的權威，是非常男性化的人。但要注意不要成為「大姐頭」。

◆相合性的顏色及適合的職業

炭灰色（charcoal grey：像熄滅的炭一般接近黑色的灰色）只要使用在基礎顏色上，則與任何顏色相合性都很好。適合的職業是歌手、化妝師等。

◆今天出生的名人

塔貝爾、費雯麗、山姆謝帕德、羅威、吉瑟金。

11月6日 淺紅黃色

◆人格特色及生活方式

思考、行動維持平衡的人。照顧、預感、平衡。

很在意別人，會無微不至的照顧別人。能夠控制自己的感情與行動，對於細微的事情非常敏感。

◆相合性的顏色及適合的職業

淺紅黃色（jaune de naples：略帶淺紅色的黃色）與寒色系的中間色調相合性佳。適合的職業是記者、隨筆作家或秘書等。

◆今天出生的名人

莎莉費爾德、瓊斯、薩克斯、邰正宵、奈史密斯、小田茜。

11月7日 向日葵黃色

◆人格特色及生活方式

能夠大膽完成豐功偉業的自由人。自由、結果、不拘小節。

於公於私都害怕被拘束，喜歡自由的行動。也會出現連自己都無法解釋的粗魯行動，但是，她仍然能夠成就大業。以「只要結果好，則一切都好」為座右銘來行動。

◆相合性的顏色及適合的職業

向日葵黃色（sunflower：像向日葵一般帶有清晰紅色的黃色）與寒色系的中間色調相合性佳。適合的職業是古典藝能的繼承者等。

◆今天出生的名人

羅倫茲、庫克、卡繆、托洛斯基、居禮夫人、長瀨智也。

11月8日 淡黃粉紅色

◆人格特色及生活方式

能夠掌握微妙人際關係的人。組織、平衡、協調性。

不管是人際關係或工作方面，對於所有的事情總是保持平衡的距離。在組織中是值得信賴的人物，獲得極高的評價。是個富於協調性的人。

◆相合性的顏色及適合的職業

亮橘色（nasturtium orange：像旱金蓮一般明亮的橘色）與寒色系的純色相合性佳。適合的職業是評論家、空服員等。

◆今天出生的名人

沙佛、桃樂絲黛伊、巴納德、羅斯加齊、崔苔菁、陳亞蘭、若尾文子。

11月9日 樺木色

◆人格特色及生活方式

相信自己能力的人。樂天主義、大膽、向上心。

相信自己的才能，也就是相信自己本身與自己的能力。不管生活再怎麼窮困潦倒，仍然抱持樂天的想法。具有不斷向上提升的能力。

◆相合性的顏色及適合的職業

樺木色（樺木皮的顏色）與寒色系的中間色調相合性佳。適合的職業是點心製作人或鋼琴家等。

◆今天出生的名人

海蒂拉瑪爾、查德威克、沙岡、佛羅倫斯薩賓、屠格涅夫、魯那貝魯雷。

11月10日 深黃棕色

◆人格特色及生活方式

能夠聽真心話的人，固執、自信、親身。

有固執的一面，這是因為她對於自己的才藝深具自信。但是，也能夠接受別人對她的忠告與真心話，因此，好朋友非常多。

◆相合性的顏色及適合的職業

深黃棕色（略帶深黃色的棕色）與寒色系的明色相合性佳。適合的職業是理容師、作詞家等。

◆今天出生的名人

馬丁路德、李察波頓、席勒、美寶諾曼、諾斯瑟普。

11月11日 乳白色

◆人格特色及生活方式

品格高尚的感性者，準備周到、創造力、寧靜。

具有絕佳的感性，在寧靜的氣氛中，可以一個人靜靜的吟詩、拿起畫筆作畫，或是將心境寄託於筆墨中的人。準備非常周到，也具有豐富的創造性，是有教養的學者型。

◆相合性的顏色及適合的職業

乳白色（pale cream：雪白、明亮的奶油色）與淡黃色、淡橙色相合性佳。適合的職業是室內設計師、玩偶設計家等。

◆今天出生的名人

路西安諾、隱地、吳天心、帕頓、黛咪摩爾、李奧納多。

11月12日 灰黃色

◆人格特色及生活方式

藉由努力與進步達到頂點的人。健康、熟練、藝術。

身心健康，能夠愉快的生活，累積豐富的經驗。即使是需要高度熟練的技巧，也能夠藉由努力來體驗，並達到頂點。尤其在藝術的領域方面，留下豐功偉業。

◆相合性的顏色及適合的職業

灰黃色（略帶灰色的黃色）與中間色調相合性佳。適合的職業是舞蹈家或賽車運動員等。

◆今天出生的名人

羅丹、陶爾菲斯、孫逸仙、葛麗絲凱莉、劉文正、高木琢也。

11月13日　煤灰色

◆人格特色及生活方式

珍惜一分一秒、努力工作的人，踏實、公正的判斷、工作。

想法踏實，對於事物也能夠下公正的判斷。珍惜每一分、每一秒，是個容易埋首於工作的人，因此，有「工作狂」的評價。

◆相合性的顏色及適合的職業

煤灰色（ash grey：略帶棕色的灰色）與任何顏色都能夠調和。適合的職業是書法家、稅務員、會計師等。

◆今天出生的名人

史蒂文生、高魁林、愛德華三世、琥碧戈柏、聖奧古斯丁、木村拓哉。

11月14日　砲銅色

◆人格特色及生活方式

不會感情用事，是個誠實、保守的人。賣力、母性本能、組織力。

踏實，不會感情用事，因此獲得他人的信賴。精力旺盛，忍耐力也非常強，能夠勝任重大的工作。如果是女性，則擁有強烈的母性本能與責任感，所以，具有匯集組織的能力。

◆相合性的顏色及適合的職業

砲銅色（gunmetal：略帶暗紅色的橘色）與任何顏色都能夠調和。適合的職業是自然療法研究家或導遊等。

◆今天出生的名人

李奧坡莫札特、尼赫魯、莫內、班涅德提、鄭智化、力道山。

11月15日 墨色

◆人格特色及生活方式

充滿夢想與希望的熱情家。神秘性、固執、獨立心。

希望自已看起來非常神秘。具有堅強的意志，充滿獨立心。由於身心都非常年輕，故要壓抑自己的熱情是非常痛苦的事情。有滿懷夢想和希望，總是保持精力旺盛。

◆相合性的顏色及適合的職業

與任何顏色都能夠調和。適合的職業是聲樂家、雕刻家等。

◆今天出生的名人

赫歌爾、貝克、汪其楣、貝拉德、歐基芙。

11月16日 櫻貝色

◆人格特色及生活方式

具有豐富的教養、洗練、受人歡迎的人。豐富的愛情、浪漫、高雅。

具有豐富的愛情、蘊含著浪漫的熱情，喜歡高雅的事物與服裝，言行優雅，深具魅力。是個充滿才智的人。

◆相合性的顏色及適合的職業

與中間色調相合性佳。適合的職業是園藝家或舞台美術家等。

◆今天出生的名人

達朗伯赫、梅瑞狄斯、莫斯利爵士、漢第、考夫曼、趙少康、內田有紀。

11月17日 粉紫色

◆人格特色及生活方式

不求回報、奉獻愛情的人。嫻靜、喜悅、獻身。

嫻靜，服裝與言行優雅，充滿感性，具有自制心。為人踏實，工作機靈，能夠帶給周圍的人喜悅與勇氣。凡事都像母親對小孩一般，不求回報，具有奉獻的精神，也能夠成就豐功偉業。

◆相合性的顏色及適合的職業

粉紫色（orchid pink：像蘭花般帶有紫色的粉紅色）與寒色系的中間色調相合性佳。適合的職業是律師或美術館人員等。

◆今天出生的名人

野口勇、拉瑪方薩、史崔斯伯格、蒙哥馬利、洛赫遜、本田宗一郎。

11月18日 玫瑰色

◆人格特色及生活方式

逐步學習知識與學問的博學家。信望、挑戰、培育。

擁有多方面的興趣，能夠逐步的學習。不擅長決定，對任何事情的挑戰意欲都強人一倍，生活充滿了活力。經常提拔後進，深得人望。

◆相合性的顏色及適合的職業

玫瑰色（marsh rose：生長在溼地、沼澤地的玫瑰的顏色）與白色以及寒色系的明色相合性佳。適合的職業是大學教授、證券分析師等。

◆今天出生的名人

帕德盧夫斯基、楚曼、艾倫謝普、溫兆倫、達蓋爾、森進一。

11月19日 深紅紫色

◆人格特色及生活方式

氣質高雅、清新脫俗的絕代美人。教養、感性、精神力。

擁有豐富的感性，服裝高雅、清新脫俗。對於事物具有洞察力、理解力，直覺非常敏銳。乍看之下溫柔婉約，但是也具有強烈的精神力。

◆相合性的顏色及適合的職業

深紅紫色（claret：就像法國波特所產的紅酒般的深紅紫色）只與白色一個顏色相合性佳。適合的職業是演員、鄉村歌手等。

◆今天出生的名人

卡文克萊、茱蒂福斯特、金銘、賓漢、甘地夫人、勒西普。

11月20日 紫灰色

◆人格特色及生活方式

身心一起燃燒，具有生命力的人。三心二意、大而化之、藝術。

具有三心二意的一面，但是，看待事情卻具有大而化之的性格，不會斤斤計較。擁有燃燒般的生命力以及健全的心理。有理解藝術的能力，並且也是這個領域的先驅，非常活躍。

◆相合性的顏色及適合的職業

紫灰色（dove grey：像鴿子羽毛般略帶紫色的灰色）與白色相合性佳。適合的職業是表演家、點心製作人、廚師等。

◆今天出生的名人

拉格勒夫、娜汀戈迪默、羅伯甘迺迪、蓋瑞森、周慧敏。

11月21日　淺柳色

◆人格特色及生活方式

不肯落人之後的自信家。吹毛求疵、友人、自信。

有吹毛求疵的一面，但是，如果成為朋友，則是值得依賴的類型。雖然個性不善於隨機應變，但態度從容不迫。能夠面對目標不斷的努力，不願落人之後，往往流於自我本位。要注意避免過於高傲。

◆相合性的顏色及適合的職業

淺柳色（pale sallow：像柳枝一般明亮的顏色）與中間色調相合性佳。適合的職業是學者或校正者等。

◆今天出生的名人

柯爾曼霍金斯、歌蒂韓、高德史密斯、伏爾泰、許景淳。

11月22日　抹茶色

◆人格特色及生活方式

能夠面對目標奮發圖強的人。信條、理想、器量。

能夠依照自己的信條忠實的生活。具體的表現出自己的理想。為了達到目的，會奮發圖強，同時也具備獎勵他人、幫助他人的肚量。

◆相合性的顏色及適合的職業

與暖色系的明色相合性佳。適合的職業是畫家或電視節目製作人等。

◆今天出生的名人

霍奇卡邁克爾、傑美李寇蒂斯、艾略特、戴高樂、比莉珍金。

11月23日 灰汁色

◆人格特色及生活方式

面對新的事物能夠燃起意欲的挑戰者。目的意識、責任感、集中力。

有清楚的目的意識，具有向新的目標或困難的事情挑戰並且克服的能力。這是因為擁有責任感與集中力的緣故。不過，必須注意的是有自我本位的傾向。

◆相合性的顏色及適合的職業

灰汁色（略帶橄欖色的灰色）與暖色系的明色相合性佳。適合的職業是舞蹈家、系統工程師等。

◆今天出生的名人

比利小子、法雅、浦耳生、哈波馬可仕、埃爾泰。

11月24日 鉛色

◆人格特色及生活方式

能夠控制自己心靈的旁觀者，迴避感情、孤獨、冷靜沉著。

稍微缺乏情緒面，會避開強烈的感情。喜歡一個人獨處。與其加入團體中，寧願在一旁觀望。非常冷靜，總是能夠控制自己的內心，朝自己的目標邁進。

◆相合性的顏色及適合的職業

與中間色調相合性佳。適合的職業是室內設計師或廣播者等。

◆今天出生的名人

科洛帝、史考特喬普林、杜魯茲羅特列克、剛澤斌、伯內特、費茲瓦特。

11月25日 棕黑色

◆人格特色及生活方式

總是表現出威嚴、神秘風貌的人，保守、一本正經、嚴肅。

稍微保守，對於任何事都是一本正經，以認真的態度來面對。雖然自認為是極普通的人，但是，卻留給他人神秘的印象。

◆相合性的顏色及適合的職業

棕黑色（off black：並非純黑，而是帶點其他顏色的黑色）與暖色系的中間色調相合性佳。適合的職業是手工藝品設計者或證券分析師等。

◆今天出生的名人

喬迪馬吉歐、賓士、蒂娜透納、袁瓊瓊、卡內基、凱黑克凱薩。

11月26日 淺杏色

◆人格特色及生活方式

能夠順應社會的實踐派，性溫和、中立、藝術。

具有一顆溫柔的心。喜歡文學與藝術，具有鑑賞的眼光。在任何情勢中都能夠維持中立，順應各種環境。言行舉止嚴謹，是實踐派，非常活躍。

◆相合性的顏色及適合的職業

淺杏色（pale apricot：淡淡的杏色）與黃色相合性佳。適合的職業是工藝作家、編劇等。

◆今天出生的名人

尤涅斯科、史坦納路、雷謝夫斯基、查爾斯舒爾茨、諾貝特維納、況明潔。

11月27日 膚色

◆人格特色及生活方式

能夠從現象導出本質的理論派，活力、現實主義、正直。

是個腳踏實地、正直的人。具有現實性與活力。能夠將複雜的事情秩序化、體系化，從現象導出本質。

◆相合性的顏色及適合的職業

膚色（淺的橘色）與寒色系的中間色調相合性佳。適合的職業是工藝家、通譯等。

◆今天出生的名人

喬萬娜芳坦娜、松下幸之助、小室哲哉、艾奎諾、攝爾西烏斯、吉米亨德里克斯。

11月28日 焦黃色

◆人格特色及生活方式

無法認定目標心情就不平靜的實踐者。現實主義、實踐、懷疑。

現實主義者，具有實踐性。討厭光說不練，喜歡以腳踏實地為經驗。如果無法用自己的眼睛確定目標，心裡就會覺得不夠踏實。但是，有容易疑神疑鬼的傾向，需要注意。

◆相合性的顏色及適合的職業

焦黃色（sun tan：就像被曬黑的皮膚般的焦黃色）與寒色系的中間色調相合性佳。適合的職業是小說家、電腦程式設計師等。

◆今天出生的名人

恩格斯、莉塔梅布朗、安東魯賓斯坦、郭小莊、布雷克、松雪泰子。

11月29日 黑紅色

◆人格特色及生活方式

很討厭失望、膽小的謹慎派。自信、集中力、自力。

凡事身體力行，努力的做好份內的工作。很討厭失望、膽小，但有過於謹慎的一面。

◆相合性的顏色及適合的職業

黑紅色(brick red·像磚塊一般的顏色)與黃色、黃橙色相合性佳。適合的職業是料理研究家、校正者等。

◆今天出生的名人

露意莎奧爾科特、董尼才悌、阿莫士奧爾科特、小亞當鮑威爾、柏克萊、勝新太郎、尾崎豐。

11月30日 淡黃粉紅色

◆人格特色及生活方式

充分擁有自己信念的人。信念、基礎、信賴。

不論他人的行為多麼大放異彩，或是會對他人產生強烈影響的事物，自己絕不動心。有明確的自我信念，能夠掌握基礎，獲得他人的信賴。

◆相合性的顏色及適合的職業

枯葉色（略帶黃色的棕色）與寒色系的中間色調相合性佳。適合的職業是作家、偵探、律師等。

◆今天出生的名人

邱吉爾、帕拉迪歐、馬克吐溫、大衛馬默特、比爾華許、鍾漢良。

12月1日 亞麻色

◆人格特色及生活方式

討厭不禮貌的人的威嚴的人。友人、實質剛健、禮儀。

討厭喧鬧、胡作非為與沒有禮貌的行為，只要身邊有幾個真正的好朋友，就心滿意足。即使遇到不如意的事情也一笑置之。以實質剛健為信條，是具有威嚴的人。

◆相合性的顏色及適合的職業

亞麻色（像亞麻般的淡灰褐色）與寒色系的中間色調相合性佳。適合的職業是手工藝品設計者或卡通繪製者等。

◆今天出生的名人

貝蒂蜜勒、西力爾理特查、莫少聰、伍迪艾倫、汪精衛、塔索德夫人。

12月2日 紅黃色

◆人格特色及生活方式

喜歡能夠讓自已感到安心的事物的人。優游自在、向上心、文化。

優游自在，喜歡過著悠閒的生活。對於文化表現出高度的關心，對於能夠提高自己層次的事物感到興趣。高級、豪華的品質能夠帶給自已安心感。

◆相合性的顏色及適合的職業

紅黃色（honey sweet：略帶模糊紅色的黃色）與寒色系的中間色調相合性佳。適合的職業是園藝家、舊美術商等。

◆今天出生的名人

李天祿、韋格曼、瑪麗亞卡拉絲、迪克斯、莫妮卡塞拉絲。

12月3日 栗梅色

◆人格特色及生活方式

不會幻想，是實踐派的人。本質、實踐、實績。

不會陷於幻想中，是腳踏實地的類型。不會因為社會的變化而動搖心意。能夠認清自己的本質，腳踏實地的累積成績。雖然不會拼命的工作，但也不會隨隨便便的工作。

◆相合性的顏色及適合的職業

栗梅色（如栗色般紅色的棕色）與黃色相合性佳。適合的職業是攝影師、法官等。

◆今天出生的名人

高達、尼奎斯特、廖祥雄、阿瑪提、魏本、康拉德。

12月4日 黃橄欖色

◆人格特色及生活方式

大膽、具有勇氣的人。個性、毅力、社交性。

不擅長社交，但是，一旦交了朋友之後，就會終其一生的和他成為好朋友。個性強，有毅力，非常大膽，對於自然有強烈的憧憬。

◆相合性的顏色及適合的職業

黃橄欖色（tawny olive：略帶黃色的橄欖色）與黃色相合性佳。適合的職業是造形作家、雕刻師等。

◆今天出生的名人

艾迪絲卡維爾、佛朗哥、莉莉安盧塞爾、宋子文、路傑金斯、康丁斯基、薩米埃爾巴特拉、淺香唯。

12月5日 黑紫色

◆人格特色及生活方式

不在意流行、有教養的學者型。儲蓄、信念、謹慎。

默默的專注於工作，有教養，也有儲蓄心，是會謹慎生活的學者型人物。對於流行不太在意，對於事物的看法都不同，擁有自己堅固的信念。

◆相合性的顏色及適合的職業

黑紫色（略帶暗灰色的紫色）與任何顏色的相合性都非常好。適合的職業是報社記者或研究者、護士等。

◆今天出生的名人

弗立茲朗格、卡列拉斯、普萊明傑、小理查、海森堡、卡斯特。

12月6日 黃灰色

◆人格特色及生活方式

懷抱夢想，感性豐富的人。才氣縱橫、機智、母愛。

於公於私都能夠創造出許多話題，是懷抱夢想的人。富判斷力及機智，能夠了解對方的話而快樂的與他交談。感性豐富，充滿母愛。

◆相合性的顏色及適合的職業

黃灰色（citron grey：略帶檸檬黃的灰色）與寒色系的明色相合性佳。適合的職業是評論家、造型設計師等。

◆今天出生的名人

郭瑞基、唐金恩、周海媚、史東斯、布魯貝克、拉卡地亞、鶴田浩二。

12月7日 淡綠黃色

◆人格特色及生活方式

汗流浹背、認真工作的人。屋外、外向性、大方。

喜歡在屋外流汗工作，也喜歡與人交往，尤其會被機靈、外向的人所吸引。也非常慷慨大方，但必須要注意別人的甜言蜜語。

◆相合性的顏色及適合的職業

淡綠黃色（pale lime light：略帶淡綠色的黃色）與寒色系的中間色調相合性佳。適合的職業是芭蕾舞者、模特兒等。

◆今天出生的名人

湯姆魏茨、貝爾尼尼、伯德、郁達夫、羅培茲索、西鄉隆盛。

12月8日 菜籽油色

◆人格特色及生活方式

不會隱藏自己的情緒，是值得信任的人。日常、泰然自若、信賴。

不會隱藏自己的感情，會將感情露骨的表現出來。以細心的態度來面對生活瑣事。此外，個性沉著，他人的信賴。

◆相合性的顏色及適合的職業

菜籽油色（深黃色）與寒色系的中間色調相合性佳。適合的職業是料理研究家、保母等。

◆今天出生的名人

弗萊謝、里維拉、瑪麗女王、吉姆莫理遜、劉嘉玲、稻垣吾郎。

12月9日 深黃色

◆人格特色及生活方式

遇到困境也不會動搖的堅強者。安定、冷靜沉著、貫徹。

具有安定的人格，不管遇到什麼樣的危機或困難，都能夠冷靜應付。一旦下定決心之後，就會克服所有的困難，絕對不會逃避。

◆相合性的顏色及適合的職業

深黃色（oil yellow）與黃色相合性佳。適合的職業是畫本作家或通譯等。

◆今天出生的名人

范朋克、米爾頓、約翰馬克維奇、寇克道格拉斯、達頓楚姆波、溫克曼、落合博滿、日本皇太子妃雅子。

12月10日 青銅色

◆人格特色及生活方式

討厭引人注目，是個謹慎的人。保守派、實踐派、行動力。

性格謹慎而保守，不喜歡幻想。面對問題時，會經過詳細的思考後再以現實的方法解決。乍看之下有點消極，但是卻具有驚人的行動力。

◆相合性的顏色及適合的職業

青銅色（bronze：略帶棕色的橄欖色）與黃色相合性佳。適合的職業是絃樂器演奏者、化妝師等。

◆今天出生的名人

西撒法蘭克、湯姆斯霍爾克羅夫特、艾蜜莉狄金森、丹尼斯摩根、艾達拜倫、魯司、真木和。

12月11日 粉黃色

◆人格特色及生活方式

裝扮優雅的人，清潔、浪漫、可愛。充滿清潔感與優雅，總是被浪漫的氣氛所籠罩。洗練的穿著讓人感覺俐落、可愛。

◆相合性的顏色及適合的職業

粉黃色（sea shell pink：略帶淡黃色的粉色）與寒色系的中間色調相合性佳。適合的職業是花藝設計師、美容師等。

◆今天出生的名人

拉奎蒂亞、黎明、白遼士、索忍尼辛、卡洛龐帝、保阪尚輝。

12月12日 鮭魚色

◆人格特色及生活方式

不怕困難的行動派，獨創性、決斷力、積極性。

構想具有獨創性，乾脆，擁有強烈的決斷力。不管遇到什麼樣的困難也絕不退縮，會積極的面對。口齒清晰，外表的裝扮讓人覺得舒服。

◆相合性的顏色及適合的職業

與白色相合性佳。適合的職業是舞蹈家、製作人等。

◆今天出生的名人

戴馬拉、艾德華羅賓森、法蘭克辛納屈、崔西奧斯汀、小津安二郎、福澤諭吉。

12月13日 粉黃色

◆人格特色及生活方式

帶給他人樂趣的善變的人，善變、優雅、人際關係。

反覆無常、善變，因此，現在的朋友可以說是她最好的朋友。經常帶給別人樂趣，是個非常溫和的人。

◆相合性的顏色及適合的職業

粉黃色（略帶強烈黃色的粉色）與寒色系的中間色調相合性佳。適合的職業是諮商師等的工作。

◆今天出生的名人

卡洛斯蒙托亞、亨利四世、織田裕二、哈威瑪、福樓拜、海湼。

12月14日 朱色

◆人格特色及生活方式

散發出無限魅力的人，社交性、人脈、緩急自在。

具有社交性，善於創造自己的人脈。因為本身就具有魅力，因此，容易得到他人的協助。在社交性方面，緩急自在，能夠建立良好的人際關係。

◆相合性的顏色及適合的職業

朱色（亮紅色）與寒色系的中間色調相合性佳。適合的職業是建築師、撰稿員等。

◆今天出生的名人

雷夫、史派克瓊斯、克羅奇、杜立德、唐休伊特。

12月15日 紅橘色

◆人格特色及生活方式

心情總是向外的運動家型。衝動性、情緒、表現力。

是屬於外向、運動家的類型。不害怕他人的反對。此外，感情豐富，但也容易衝動，表現力很好。害怕孤獨。

◆相合性的顏色及適合的職業

紅橘色（burnt orange：略帶深紅色的橘色）與寒色系的明色相合性佳。適合的職業是作家、報社記者等。

◆今天出生的名人

小約翰亨利哈蒙德、保羅蓋帝、張洪量、艾菲爾、唐強森。

12月16日 淡灰黃色

◆人格特色及生活方式

靠自己的力量化解危機的勇者，理性、忍耐、體貼。

富於理性。對於困境、逆境、危機的忍耐力非常強，能夠靠自己的力量化解危機。待人溫柔體貼。認為對付擔心的最佳對策就是忍耐與勇氣。

◆相合性的顏色及適合的職業

淡灰黃色（beige white）與寒色系的中間色調相合性佳。適合的職業是舞台女演員、律師等。

◆今天出生的名人

珍奧斯汀、麗芙塢曼、貝多芬、克拉克、卡沃爾爵士。

12月17日 火黃色

◆人格特色及生活方式

以開朗的態度對待周圍人的人，平衡、和藹可親、溫和。

親切、善良，具有不偏不倚的人格。與生俱來就擁有學問、藝術方面的才能。和藹可親，總是以開朗的態度來對待周圍的人，這種溫和的心予人難以忘懷的印象。

◆相合性的顏色及適合的職業

火黃色（beige）與寒色系的中間色調相合性佳。適合的職業是獸醫、學者或管樂器的演奏者等。

◆今天出生的名人

威廉沙費、寇克斯、卡德威爾、利比、麥坎西金恩、西村知美。

12月18日 棕金色

◆人格特色及生活方式

追求不著邊際的夢想，內心溫和的人。清純、感情的隱蔽、追求夢想。

具有一顆溫柔的心，總是想著快樂的事情，而將感情隱藏起來。待人溫和。有時也會追求不著邊際的夢想。

◆相合性的顏色及適合的職業

棕金色（brown gold）與白色相合性佳。適合的職業是建築師、室內設計師等。

◆今天出生的名人

泰科布、貝蒂葛萊寶、保羅克利、史蒂芬史匹柏、布蘭特、武田真治。

12月19日 米黃色

◆人格特色及生活方式

頑固、討厭為所欲為的正直的人。學問、家庭、學問充足。

重視家庭，可以從家庭中找到和平與幸福，是非常有教養、有學問的人。個性正直，喜歡享受精神生活。討厭一味追求物質享受或一味追求利己的人。

◆相合性的顏色及適合的職業

米黃色與寒色系的中間色調相合性佳。適合的職業是工藝家、圖案設計師等。

◆今天出生的名人

西西莉泰森、伊迪絲比阿芙、莫里斯懷特、蒽內、弗傑、反町隆史。

12月20日 淺紫色

◆人格特色及生活方式

追求快樂的幽默的人，安定感、信念、活路。

肉體、精神都具有安定感。具有堅定的信念，在面對問題時能夠找出活路。懂得巧妙的紓解壓力。充滿幽默感，總是想到快樂的事情。

◆相合性的顏色及適合的職業

淡紫色（heather：生長在蘇格蘭的淡紫色的花）與寒色系的明色相合性佳。適合的職業是手工藝品作家、會計師等。

◆今天出生的名人

烏力傑勒、喬治洛埃希爾、包伯海斯、霍田士卡力雪、蔡琴、荻原健司、櫻井幸子。

12月21日 紫丁香花色

◆人格特色及生活方式

身心都非常洗練的人，高尚、高雅、清晰。

具有高尚的興趣，態度高雅，理論清晰。不論外表或內在，都是屬於洗練的類型，具有強烈的好奇心，散發出芬芳的氣息。

◆相合性的顏色及適合的職業

紫丁香花色（lilas：像紫丁香花一般的顏色）與白色及暖色系的明色相合性佳。適合的職業是評論家、自由作家等。

◆今天出生的名人

法蘭克薩帕、珍芳達、鞏俐、海瑞希包爾、葛麗菲絲、松本清張、本木雅弘。

12月22日 雞血石色

◆人格特色及生活方式

充滿浪漫氣氛的人，感性、高貴、年輕。

在良好的環境中成長，討厭卑微的事情。感性豐富，充滿高貴的氣質與浪漫的情懷。

◆相合性的顏色及適合的職業

雞血石色（heliotrope：如雞血石般明亮的紫色）與白色、暖色系的明色相合性佳。適合的職業是研究者、法官等。

◆今天出生的名人

卡爾頓、吉雅卡莫曼祝、普契尼、莫里斯吉柏、周華健。

12月23日 菖蒲色

◆人格特色及生活方式

嚮往童話生活的人，神秘性、藝術性、哲學性。

希望自己有教養、非常洗練。表情優雅，具有柔和的肌膚。嚮往童話國度般的生活。是屬於神秘性、藝術性、哲學性的人。

◆相合性的顏色及適合的職業

菖蒲色（如菖蒲花般略帶藍色的紫色）與白色和暖色系的中間色調相合性佳。適合的職業是室內設計師、空服員等。

◆今天出生的名人

羅柏布萊、商博良、康尼麥克、約瑟夫史密斯、契特貝克、強安利法布。

12月24日 茄紫色

◆人格特色及生活方式

一本正經，行動認真的踏實派，保守性、嚴肅、安心感。

稍微保守、富於機智、思考方式一本正經、行動認真，獲得他人的信賴。乍看之下充滿了嚴肅感，但卻反而帶給人安心感。

◆相合性的顏色及適合的職業

茄紫色（eggplant：如茄子般的暗紫色）與任何顏色相合性佳。適合的職業是研究者或國稅局人員、法官等。

◆今天出生的名人

拉斯克、艾娃嘉娜、利德貝利、羅柏特喬福瑞、霍華休斯、長野智子。

12月25日 茄子藍

◆人格特色及生活方式

違背世人的眼光，畏首畏尾的人。擔心、審美眼光、洗練。

◇容易擔心，悲觀，但是，具有審美的眼光，是洗練型的人。能夠發揮藝術、文化方面的才能。有點畏首畏尾，往往會脫離世人的眼光。

◆相合性的顏色及適合的職業

這種顏色與任何顏色相合性佳。適合的職業是料理研究家、作家等。

◆今天出生的名人

羅德塞林、沙達特、安妮雷娜克絲、羅斯卡、克菈菈巴頓、牛頓、角川博。

12月26日 金色

◆人格特色及生活方式

能夠成為強力保護者的人。理想、大而化之、明星。

◇具有豐富的人格，為人不拘小節。總是以明星為目標，能夠揭示崇高的理想。能夠充當強而有力的保護者，非常重視名譽，樂善好施。

◆相合性的顏色及適合的職業

金色（gold）當其他顏色的配色來使用是最有效的。適合的職業是外交官、流行設計師等。

◆今天出生的名人

湯姆士格雷、亨利米勒、毛澤東、費斯科、林黛、德川家康。

12月27日 柳色

◆人格特色及生活方式

把本身當作財產的自信家，威嚴、自戀、自責。

追求充滿威嚴的地位，一旦夢想毀壞時，就會深深的自責。但基本上會自覺自己本身就是財產。有浪費的習慣，需要注意。

◆相合性的顏色及適合的職業

柳色（sallow：如柳枝般的顏色）將其當成配色來使用最具效果。適合的職業是香道家、茶道家等。

◆今天出生的名人

威廉馬斯特、喬萬尼帕勒斯垂那、辛妮格林史區、徐立功、瑪琳狄崔屈。

12月28日 蜜蠟色

◆人格特色及生活方式

受到財神爺的眷顧、有肚量的人。誇耀、見識、三心二意。

認為自己在這個社會上活得非常有價值，是個有肚量的偉大人物。也許有三心二意的一面，但見識高，喜歡誇耀自己。此外，也受財神爺的眷顧，經常思考該如何度過更有意義的人生。

◆相合性的顏色及適合的職業

蜜蠟色（jaune miel：像蜜般的顏色）當成重點色使用最有效果。適合的職業是植物專家、園藝家等。

◆今天出生的名人

瑪姬史密斯夫人、曼紐爾普格、丹佐華盛頓、海因斯、威爾森、大澤健。

12月29日 芥末色

◆人格特色及生活方式

慈愛、具有世界觀的人。寧靜、調和、生態學。

信服宗教、追求生活的寧靜與調和的社會關係。此外，也充滿慈愛，是個具有世界觀的人。以生態學的思想為基礎來付諸行動。

◆相合性的顏色及適合的職業

芥末色（mustard：如芥末般的顏色）將其當成配色使用是最有效果的。適合的職業是花香研究家、宗教家等。

◆今天出生的名人

瑪莉安費斯佛、摩爾、龐巴度夫人、何振樑、帕布羅卡薩爾斯、加勢大周。

12月30日 紅葉色

◆人格特色及生活方式

可以成為許多人後盾的人。深奧、自信、浪漫。

經常研究事物的深義，認為自己是最有價值的人物。不論貧富，總是充滿浪漫的氣氛，而且希望周圍的人能給自己最高的評價。可以成為許多人的「後盾」。

◆相合性的顏色及適合的職業

紅葉色（autumn leaf：像紅葉般深的橘色）當成配色使用效果最好。適合的職業是音樂家、女演員等。

◆今天出生的名人

鮑爾斯、考費克斯、卡洛里德、吉普林、班強生、伍茲、元木大介。

12月31日 綠藍色

◆人格特色及生活方式

個性圓滿的人，精神力、超俗性、先見性。

具有高度的精神力、超俗性以及靈性。雖然很有個性，但是，希望諸事圓滿。這行之間在在顯現出先見之明，彷彿具有超能力一般。

◆相合性的顏色及適合的職業

綠藍色（turquoise blue：如土耳其石般的藍色）與白色相合性佳。適合的職業是女演員、料理研究家、隨筆作家等。

◆今天出生的名人

伊莉莎白雅頓、狄奧高特伯爵夫人、安東尼霍普金斯、小錦、江口洋介、約翰丹佛。

展出版社有限公司
品冠文化出版社

圖書目錄

地址：台北市北投區(石牌)
致遠一路二段 12 巷 1 號
郵撥：01669551＜大展＞
19346241＜品冠＞
電話：(02) 28236031
28236033
28233123
傳真：(02) 28272069

・少年偵探・品冠編號 66

1. 怪盜二十面相 （精） 江戶川亂步著 特價 189 元
2. 少年偵探團 （精） 江戶川亂步著 特價 189 元
3. 妖怪博士 （精） 江戶川亂步著 特價 189 元
4. 大金塊 （精） 江戶川亂步著 特價 230 元
5. 青銅魔人 （精） 江戶川亂步著 特價 230 元
6. 地底魔術王 （精） 江戶川亂步著 特價 230 元
7. 透明怪人 （精） 江戶川亂步著 特價 230 元
8. 怪人四十面相 （精） 江戶川亂步著 特價 230 元
9. 宇宙怪人 （精） 江戶川亂步著 特價 230 元
10. 恐怖的鐵塔王國 （精） 江戶川亂步著 特價 230 元
11. 灰色巨人 （精） 江戶川亂步著 特價 230 元
12. 海底魔術師 （精） 江戶川亂步著 特價 230 元
13. 黃金豹 （精） 江戶川亂步著 特價 230 元
14. 魔法博士 （精） 江戶川亂步著 特價 230 元
15. 馬戲怪人 （精） 江戶川亂步著 特價 230 元
16. 魔人銅鑼 （精） 江戶川亂步著 特價 230 元
17. 魔法人偶 （精） 江戶川亂步著 特價 230 元
18. 奇面城的秘密 （精） 江戶川亂步著 特價 230 元
19. 夜光人 （精） 江戶川亂步著 特價 230 元
20. 塔上的魔術師 （精） 江戶川亂步著 特價 230 元
21. 鐵人Q （精） 江戶川亂步著 特價 230 元
22. 假面恐怖王 （精） 江戶川亂步著 特價 230 元
23. 電人M （精） 江戶川亂步著 特價 230 元
24. 二十面相的詛咒 （精） 江戶川亂步著 特價 230 元
25. 飛天二十面相 （精） 江戶川亂步著 特價 230 元
26. 黃金怪獸 （精） 江戶川亂步著 特價 230 元

・生活廣場・品冠編號 61

1. 366 天誕生星 李芳黛譯 280 元
2. 366 天誕生花與誕生石 李芳黛譯 280 元
3. 科學命相 淺野八郎著 220 元
4. 已知的他界科學 陳蒼杰譯 220 元

國家圖書館出版品預行編目資料

色彩判人生／維湘居士編著
——初版－臺北市，大展，2005〔民 94〕
面；21 公分 —（命理與預言；73）
ISBN 957-468-375-3（平裝）
1. 色彩心理學
176.231　　94003595

色彩判人生

ISBN 957-468-375-3

編 著 者／維 湘 居 士
發 行 人／蔡　森　明
出 版 者／大展出版社有限公司
社　　址／台北市北投區（石牌）致遠一路 2 段 12 巷 1 號
電　　話／(02) 28236031・28236033・28233123
傳　　真／(02) 28272069
郵政劃撥／01669551
網　　址／www.dah-jaan.com.tw
E-mail／service@dah-jaan.com.tw
登 記 證／局版臺業字第 2171 號
承 印 者／高星印刷品行
裝　　訂／建鑫印刷裝訂有限公司
排 版 者／千兵企業有限公司
初版1刷／2005 年（民 94 年） 5 月

定　價／230 元

推理文學經典巨著，中文版正式授權

名偵探明智小五郎與怪盜的挑戰與鬥智

名偵探柯南、金田一都讚嘆不已

日本推理小說鼻祖—江戶川亂步

1894年10月21日出生於日本三重縣名張〈現在的名張市〉。本名平井太郎。
就讀於早稻田大學時就曾經閱讀許多英、美的推理小說。
畢業之後曾經任職於貿易公司，也曾經擔任舊書商、新聞記者等各種工作。
1923年4月，在『新青年』中發表「二錢銅幣」。
筆名江戶川亂步是根據推理小說的始祖艾德嘉・亞藍波而取的。
後來致力於創作許多推理小說。
1936年配合「少年俱樂部」的要求所寫的『怪盜二十面相』極受人歡迎，
陸續發表『少年偵探團』、『妖怪博士』共26集……等
適合少年、少女閱讀的作品。

1～3集　定價300元　試閱特價189元